歲月如斯

趙怡兩岸札記之二

推薦序

文章是兄弟的好

——趙靖（自由作家／前中國國民黨駐美總督導）

人生在世，能夠擁有幾個兄弟姊妹，確是一樁挺熱鬧，挺有趣，挺夠意思的事情。若是再加上個兄友弟恭，重情重義的，那簡直就是前世今生修來的造化和福氣！

想當年，海軍軍官趙爸結緣楊門閨秀趙媽於西安。於是乎，西安起跳，轉進高雄，接駁基隆而終站台北，在那個時時刻刻準備「反攻大陸」的年代，年輕的軍官夫婦，為了響應政府「增產報國」號召，接二連三之後，又再追加四五，成績斐然，共育子女五名。倘若，那年頭就呼籲「兩個恰恰好」的話，咱們也就修不來今天的這份「造化和福氣」了。所以說，「時勢造英雄」，這話確是一絲不假！

（一）內舉不避親

舍弟──趙教授、趙博士、趙局長、趙董事長、趙理事長──趙怡先生，排行老四，上世紀五十年代誕生於基隆，自幼「小時了了」，及長「大亦不凡」；早自基隆若石幼稚園被選拔爲扛舉全校「大旗」的排頭，左營海軍子弟學校年年連選連任班長，成功嶺大專集訓，國防部長蔣經國主持的開訓典禮上榮膺「授槍代表」，美國明尼蘇達大學「中，港，台」生激烈競選中當選中國同學會會長，數十年來的「班長」，「代表」和「會長」歷練，早已培養出「爲民服務」的高度熱忱和「出類拔萃」的領導氣質！數年前題名「政大校友風雲人物」金榜，再添榮耀，而八年前受聘上海交通大學，於全校師生「民主投票」中，高票獲選年度「模範教授」校長獎，更是風光到了彼岸！

總而言之，咱家老弟打從幼稚園大班開始，歷經小學生、中學生、大學生、留學生，以迄學成就業至今，大半輩子以來，堅持在「優秀」和「模範」中打轉，一路走來，始終如一；從小一路優秀，始終模範到老！

（二）斯斯有兩種

去年才剛將發表於《中國時報》、《人間福報》、《旺報》等專欄中的篇篇大作集結成冊，出版了一本《千里如斯》，如潮好評和如雷掌聲尚未停歇，而另一本訂名爲《歲月如斯》的文集，又將要隆重推出了。

作者以其行萬里路，讀萬卷書的豐沛學養和見聞，秉持「家事、國事、天下事，事事關心」的熾熱胸襟，「傳播學者、模範教授」的專精知識，「媒體主管、政府發言人」的敏銳觸角，「中華文化推廣協會、東森文化基金會董事長」的傳承使命，「國際佛光總會理事、永慶慈善基金會董事長」的菩薩心腸，把台灣為軸心，以兩岸為半徑，從上海看台灣，由台北觀世界，掃描當前大家關切的大事小情；無論政經時局的論述，新聞事件的點評，兩岸消長的感觸，心情偶得的抒發，字裡行間，語重心長，發人深省，再一次地為廣大讀者，呈現了一份言之有物，言之有理，而言之更有趣的豐盛知識和文化饗宴！

是的，斯斯有兩種：《千里如斯》和《歲月如斯》，前者如斯，後者亦復如斯！

（三）長幼有「序」

《歲月如斯》付梓在即，作者這回除撰寫「自序」現身說法外，更別出心裁地一反傳統出書模式，未邀達官顯要或名流碩彥撰文「推薦」，竟然囑以老哥取而代之，也算是個長幼有「序」的意思。接如此重任，感無比惶恐，然而身為知根知底，相依相伴，長達六十餘載的「資深兄弟」親密關係—那些年，左營明德新村同度歡樂童年，台北民權新村共享青春年華，美國明尼蘇達冰天雪地一起「寒」窗苦讀；這些年，暫居上海，再續前緣，比鄰而居，守望相助，此番能夠藉此良機，為我廣大讀者舉賢薦才，不也是責無旁貸的不二人選？

記得，曾經為家中另一位趙博士—趙寧先生的第一本大作《詩畫展》，寫過一篇以「我的老哥」為題的序文。歲月如斯，不捨晝夜，算來那已是近五十年前，追憶感傷，不勝唏噓的遙遠往事了！

好書問世，好話道盡。人們常說：「老婆是人家的好，文章是自己的好」，我卻認爲：「文章還是兄弟的好！」，絕對的！

自序

廿一世紀屬於全體龍的傳人

二〇一六年四月我從上海交通大學媒體與設計學院正式退休，結束了在大陸的教書生涯。猶記得二〇〇七年秋天初來報到的時候，熱情爽朗的人事幹事田國華老師一面協助我塡表格，一面朝著我大聲嚷嚷：「哎呀！院裡頭都說台灣來了位年輕教授，沒想到趙老師您高壽已過五十八啦！」田老師的詫異事出有因，原來大陸高校的正教授退休年限是六十歲，換句話說，我入校任教兩年後就得要辦理退休了。或許是著眼於我身爲學院唯一台籍教師的特殊地位，不久之後，院方便授我以「博導」身分，才把任期再三延續至今。

上海交大是中國頂尖學府，尤其以機械、電子、海洋工程等方面的學術成就聞名於世。我初任斯職時，媒設學院成立未久，以當時的師資、設備及科研水準而言，用「草創」二字形容，實不為過。值得欣慰的是，如今學院裡人才濟濟，專職教師達一百餘人，近年來更加速國際化，在去年中國高校評鑑中，已榮登傳播教育界的前八強。

八年半的時間不算長，可是整個世界的變化卻經緯萬端，日新月異，令人目不暇給，有時甚至感到手足無措，跟不上它的腳步；至於在私人領域裡，長輩親人的生老病死縱然是不變的規律，仍不時打亂生活的步調，留下難以撫平的傷痛。不過，在這段行走兩岸的日子裡，我接觸到許多中國新一代的學術菁英和一群勤勉奮進的學子，有機會參與不同主題的兩岸公益和文化交流活動，也利用餘暇走訪大小城鎮、五湖四海和嚮往已久的歷史文物景點，使我在稍嫌單調而鬆散的教職工作之外，還能獲得豐盛的生活資材與心靈養分。

日子過得愜意，時間就飛快流瀉。記得剛移居上海不久，在五十九歲的慶生會上，生性幽默的二哥開玩笑地勸我「要好好珍惜當下」，他說：「因爲你現在還可自稱四、五十歲，過了明天就變成六、七十歲了！」可不是，恍惚之間，竟未曾意識到逝者不捨晝夜，直至去年升格爲「資深公民」，收到一張可免費坐公車的「敬老卡」，才驚覺自己已坐六望七，直奔古稀之年了。

正如前輩作家王鼎鈞先生說的：「人生的前半，可用『聚』字來代表，後半生則是個『散』字」。所謂「聚」，就是聚斂的意思，不外乎爭名奪利或競逐權力地位；而「散」，是散佈、散播，人到晚年應該把人生積累的知識、經驗、財富與後來者分享。我生也庸碌，所「聚」者無多，不過近兩、三年來，謹守教職，勤於筆耕，投身公益，也算是稍盡一份「散」的責任吧。

本書是繼《千里如斯》之後，繼續集結在《中國時報》、《人間福報》等專欄文字出版的第二本兩岸札記，有感於流水年華，一去不返，乃取《歲月如斯》爲書名，一以自況，並引爲惕勵。

這一年多來兩岸政經局勢變化加劇，近距離的人都可以察覺到雙方在和平發展中隱含著對立抗衡。站在同爲黃炎子孫的立場，我樂見競爭造成進步，可是站在台灣這一邊，又擔心海峽再起波瀾，禍延鄉親父老。因此，本書內容大致指往兩個方向：一、從個人兩岸經驗中找到若干能減緩雙方僵局和融合人民情感的辦法，讓和平駐足，戰爭不再；二、對兩岸實質掌控權力或具有影響力的政治人物提出針貶意見，不分藍綠紅橘，不計地域族群，因爲我一直執著地期盼著，廿一世紀眞的屬於全體龍的傳人。

趙怡／二〇一六年五月於上海

目錄
CONTENTS

第二篇——社會與公益 101

目錄
CONTENTS

附錄

PART 1

第一篇

兩岸與政治

Straits and Politics

兩岸的糾結在民間力量的積極介入之下並非無解，或許有一天，行到柳暗花明處，情勢終將豁然開朗；其次，兩岸未來談判的籌碼並非全為「大」的一方所掌握，台灣人民奮鬥成功的經驗與果實，必將成為兩岸統一與否或如何統一的關鍵因素。

社會正義壓倒族群意識

二〇一四年「九合一」地方選舉結束了，在野的民進黨參選人囊括十三縣市首長，獲得空前勝利；國民黨方面，原執政的十五縣市失去九席，六都中僅保住新北一市，可謂大敗虧輸。這場選舉，讓執政黨最高領導結構崩盤，台灣政治版圖一夕翻轉，對未來政局走向，包括兩岸關係發展都將產生重大影響。

選戰過程中最受注目的地區當屬台北市，蓋這場首都市長之爭的本質十分特殊，不能以常態選舉視之。國民黨推出的候選人連勝文因權貴背景而扛負原罪，迭遭各界非議，自始至終處於逆勢苦戰；而以無黨籍身份參選的台大醫師柯文哲出身平民家庭，形象清新，奮力高舉公平正義大旗，在廣大小老百姓眞誠擁戴下一舉搶下市長寶座。

我們從電視轉播的鏡頭裡，看到連勝文站在造勢活動舞台上，身旁站滿了黨政軍高層領導人士、外表亮麗的社會名流以及富可敵國的企業老闆爲其賣力助選，仍未獲得民衆青睞；反觀其對手柯文哲，總是衣著敝陋地孤身一人在街頭巷尾穿梭，卻能在駐足之處受到英雄式的熱情歡迎。畫面中尖銳的對比適足以說明民心之向背，相信任何具有起碼政治敏感度的觀衆都早已感覺到勝利的光芒照向哪一個陣營了。

本次選戰中，柯團隊成功利用新媒體獲得許多「鄉民」的支持，可視為新舊媒體影響勢力版圖的挪移。事實上，在網路時代正式來臨後，社群、部落格與論壇平台已成為發佈意見、形塑輿論和影響投票行為的重要平台，較之傳統式的主流媒體並不遑多讓；且由於網路傳播具有開放、參與、協作等互動特色，能進一步拉近政治人物和小市民的心理距離，因此，「數位行銷」勢必成為未來民主選舉賽局中之顯學，而「網路文宣」也將出現在政黨選舉教戰手冊裡的顯著位置。

在本屆選舉中，台北市的「權貴VS.庶民」情結經過輿論的發酵，相當程度地擴散到全台各地，使得國民黨的總得票數跌至百分之四十點七，創下有史以來最低點，或許這是正忙著「辭職負責」的執政高層所始料未及的。台灣這幾年來，社會兩極化發展，民眾雖然生活無虞，卻對於貧富差距加大的現象極爲敏感，尤其幾椿富家子弟逞兇殺人事件和多起與帝寶豪宅住戶有關的詐騙案件連續發生，造成民怨四起，使整個社會爲之震動，而政府的反應遲緩更有如雪上加霜，草民們早有「用選票教訓之」的心理準備，如今國民黨卻偏偏推出好幾位政商家庭第二代的候選人參選，果然紛紛中箭落馬。嚴格說來，這是一次群眾用選票來表達不滿訴求、實現社會正義的具體行動。平心而論，處在今日民主政治的環境裡，任何執政者若無視於多數民眾的心聲，或感應不到社會潮流的風向，根本不具備執政的基本條件。

不過，這次選舉中選民對社會公平與正義的堅持壓倒了過去意識形態造成的族群對立，毋寧是我們所樂見的事，也是台灣民主政治向前邁出的一大步。

國民黨浴火重生 非不能也

二〇一四年九合一大選，中國國民黨慘敗，在黨內士氣低迷之下，馬英九辭去黨主席一職，所留遺缺可望於近日由同額競選的新北市長朱立倫接任，惟新人新政能否翻轉百年老店的頹勢，一般輿論仍抱持懷疑的態度。

其實，國民黨要想振衰起敝，浴火重生，洵非難事。由於在過去一段時間裡，國民黨表現的確太差，內部離心離德、外部形象鄙陋，連執政團隊亦未獲民意支持。如今新的領導者若能厲行改革，先做幾件振奮人心的事就很容易讓全民有感，甚至激發出「鐘擺效應」；其次，國民黨擁有悠久的歷史，也曾經高舉崇高的理想，只是時乖命舛，從上世紀末期的路線之爭至千禧年開始的八年在野，屢經顛簸起伏，而致傷痕累累；過去六年多以來，雖然重返執政，黨中央卻未能勵精圖治，甚至因過度追求「清廉自持」、「守法守分」之虛名而在重要事務上採取消極「不作為」立場，任令黨務鬆弛、人才流失，嘗貽人以「自廢武功」之譏。不過，國民黨員縱使心有怨懟，尚未達懷憂喪志的地步，多數依然抱著滿腔熱情與一線希望，等待雨過天青的來臨。

筆者身為資深國民黨員，亦一本同樣心情，願對新任朱主席提供幾項建議，做為黨務革新之參考。第一是要「重振黨魂」：蓋本黨高層人士多不孚民望，其中有人自鳴清高而無所作為，有人戀棧其位而不知進退，有人貪圖利益而公器私用，還有人善於聚眾結幫以暗植實力，在在皆為導致團隊分崩離析，黨員精神渙散之主因。故此，未來如欲凝聚人心，促進團結，先要重建「黨中央領導班子」，才能撐起那面鐫刻著歷史榮光的大旗，以號召全黨同志，共赴黨難，收復失土；第二是「訓用人才」：這幾年來執政黨的人事政策，可謂了無章法。縱目黨內，俊彥之士隨處可得，卻每見投閒置散，而環顧廟堂之上，則盡多庸庸碌碌之輩在濫竽充數，間有不少游移於藍綠之間專事攀附鑽營之輩竟亦高踞要職，置黨內忠貞、優秀同志於無地；至於職司訓育薦用的國發院則早已不復往日「執政人才搖籃」之盛況，以致形成人力資源的斷層；姑不論時下年輕一輩才俊對國民黨的中心思想毫無認同，即連一般社會中堅份子亦鮮有向心者，未來的領導人將如何招賢納士及作育英才以為中興大業之張本，正是各界關注的焦點；第三是「堅實組織」：猶記國民黨長期執政期間，黨務分由組織、文化、社會、大陸、海外工作等部門及政策會專司其責，與政府行政、立法機關相互對應，協同運作；其下設置省及縣市區級黨部經營地方事務，力求與基層民衆拉近距離。過去十餘年來，黨中央一再精簡人事，近期更刻意軟化黨部組織，廢弛部會功能，終致國民黨與時潮脫鉤，與人民疏遠。今後應如何恢復各個重要機能，以壯大執政實力，厥爲新任主席的一大挑戰；第四是「再造形象」：從各種民調顯示，國民黨的形象已跌至谷底，爲了有所因應，黨中央必須聘請專才主導文宣部門，必要時可提升位階，擴充編制，授予較大職權，務使其有效建置媒體公關機制與危機處理程序，力挽國民黨當前的信心危機，重塑正面的公衆形象。

當然，要讓國民黨徹底地脫胎換骨，還必須確立「公平公正」的基本法則，作爲組織文化的最高價値。舉凡人世間的分歧、不安、爭鬥與動盪幾乎都源自於人心的「不平則鳴」！過去國民黨內部盡多違背公允正義的舉措，也都有待新任主席的俠心鐵腕來撥亂反正！

從台灣民主進程觀之，一黨獨大的時代已去而不返，擺在眼前的將是體制內的兩黨競爭；値此之際，我們更加期待視事後的朱立倫主席能帶領中國國民黨快步走出陰霾，迎向明日的挑戰。

抗戰勝利七十年

二〇一五年是中國抗日戰爭勝利七十周年。可以想見的，中國大陸各界熱烈舉辦不同形式的慶祝或追悼活動。至於台灣方面，就現下社會風向觀之，類似節慶恐怕已不會激起太大漣漪。

這場攸關近代中國命運的戰爭，係從民國二十六年七月七日盧溝橋事變正式掀開序幕，霎時間整個神州大地硝煙瀰漫，生靈塗炭，猶如人間煉獄，不過，隨著戰事的擴大，也促成了傾軋中的黨派政治勢力凝聚出聯合抗日的共識。八年烽火歲月，中日雙方都投入大量軍隊，戰鬥激烈，死傷枕籍；期間因日本軍國主義者喪心病狂，竟於一九四一年十二月發動太平洋戰爭，促使中國與美、英、蘇結成同盟國，對抗以日、德、義爲成員的軸心國，此後的抗戰乃演變成第二次世界大戰的一部分。

軍力的強弱懸殊，使中國飽受摧殘。將士浴血奮戰，難免刀毀槍傷、捐軀沙場；而一般老百姓也日子難過，數以千萬計的中國人被炮火波及或遭日軍凌虐而枉送性命，其餘爲躲戰禍而顚沛流離、妻離子散的難民更不計其數！震驚中外的「南京大屠殺」發生於民國二十六年底，約有三十萬中國同胞遭到集體殺害！街頭上，民衆憤怒地唱著：「風在吼，馬在叫，黃河在咆哮，黃河在咆哮」；熱血沸騰的青年們，則紛紛走出校園，奔向前線，響應政府「一寸山河一寸血，十萬青年十萬軍」的號召，誓爲民族的尊嚴和國家的主權而不惜拚死在疆場。一九四五年九月二日，日本侵略者終於無條件投降，還給苦難的中國人民一個遲來的正義。

逝者已去，戰爭的倖存者也逐漸凋零。時間沖淡了仇恨，傷痛也漸漸癒合，但史實昭彰，不容抹滅。古人以歷史爲鏡，蓋可以知興替也，後來者唯有正視前人的足跡，才能記取教訓，免蹈覆轍。然而，在近代史相關撰述中，卻出現大相逕庭的版本和解讀，其中有相當部分是違背眞相、顚倒黑白的，實有必要加以澄清。大陸方面每年舉行抗戰紀念活動的目的之一，無非是要給當年拚死抵禦外侮的軍民同胞和他們的重大貢獻一個應有的歷史定位。

二戰期間的歐洲戰場也是烽火連天，其中納粹德國屠戮猶太人的手段尤其殘酷，留下舉世罵名。據統計，當時有六百萬猶太人死於納粹份子的冷血謀殺，其中包括一百萬兒童和兩百萬婦女。二〇一五年元月二十七日是「國際大屠殺紀念日」外，也是波蘭奧斯威辛集中營解放七十周年紀念日，儀式上除了三百位慘案倖存者外，歐洲各國總統與王室成員都親自出席表達哀悼，並呼籲全球人民不可忘記戰爭的無情，重新學習對生命的尊重。

值得一提的是，有關此一滅種大屠殺事件，西方文化出版界念茲在茲，光是以它為主要內容的紀錄片、電視劇或電影片就達數千件之多，文字記載更是俯拾可得，難以計數，所透露出的訊息充滿了對納粹種族主義劊子手的強烈控訴與譴責。以猶太族裔人士在西方世界的影響力來說，大屠殺事件將持續透過強力傳播手段世世代代流傳下去，除了還原歷史眞相之外，更讓當年被踐踏的六百萬條人命化為一座永世的警鐘，時時惕厲世人引為借鑑。

同為華裔民族一份子，台灣朝野社會人士居然對抗戰歷史「無感」，令人遺憾也不解。究其原因，是世代交替造成的認知斷層？抑或是受到「去中國化」政治潮流的影響？都值得深入探究。

期盼兩岸關係止跌回穩

從上海回台北過年，感覺兩地都是「春意初露，乍暖還寒」的天氣，有如當下兩岸關係的寫照。回想二〇一四年，台灣發生一連串震撼視聽的事件，使雙方關係陷入國民黨執政近七年來的最低點。時至今日，從官方的互動、輿論的向背和坊間的巷議街談中，仍嗅得到那股冷戚的氛圍，間歇已有國內外觀察家對兩岸的未來發出悲觀的論調。

不過，換個角度可能感受不同。譬如，二〇一四年是台灣開放陸客來台的第六年，旅遊人數已近四百萬，前市依然看漲；近來在大陸，「瘋台灣」成爲都會族的新時潮，舉凡寶島的人文風貌、城鄉美景、南北佳餚、民間習俗都變成大陸民衆豔羨與熱議的題材；許多影視歌壇上知名的台籍藝人，更是對岸年輕世代耳熟能詳、激情擁戴的心目偶像；來台讀書的陸生也持續增加，去年實際報到入學的已逾二千五百名，他們在此地大學校園中享受到更爲自由開放的學風，也結識到大批從現代民主環境中成長的同儕青年，得以在耳濡目染下擴充視野；此外，基於馬政府的既定方針，從大三通以迄，兩岸民間文化交流日漸活絡，不論音樂、美術、戲劇、體育、學術、宗教、公益慈善等各界人士交互往訪，絡繹於途，不斷消弭隔閡，建立友誼，爲兩岸和平發展奠定堅實基礎。而我們在與對岸互動過程中，也見證到台灣民間人士蓬勃的朝氣和高昂的鬥志，他們以志工的身分參與其中，默默爲兩岸搭建友誼的橋樑。最值得強調的是，無論陸生、陸客還是一般大陸民眾，只要接觸過台灣的人、事、物，幾乎都會留下正面的印象。

最近，台北市長柯文哲接受外媒專訪時脫口說出「兩國一制」，引發諸多議論，柯P亦承認失誤。其實，「兩國」一辭固屬不宜，但柯市長的重點似在「一制」二字，他想要強調的可能是，兩岸雖一分為二，但關係的改善必須建立在「雙方制度逐漸接近」的前提上。換言之，兩岸政府與其在統獨之間打轉，不如先求在政經社會制度的差距縮減到足以坐而論道的地步。這種思維和早年台灣當局「以三民主義統一中國」以及「以三階段完成國統綱領」時期的政策路線頗為相似，它的「亮點」在於我方碰到統獨問題時可以反守為攻，把燙手山芋拋給對方，蓋兩岸長久分治下衍生出來的次文化差異與民主體制上的優劣有別，絕非朝夕之功可以彌合的。如此說來，柯P的「失言」其實蘊有深意。

綜上所述，至少能引出兩個論點：首先，兩岸的糾結在民間力量的積極介入之下並非無解，或許有一天，行到柳暗花明處，情勢終將豁然開朗；其次，兩岸未來談判的籌碼並非全爲「大」的一方所掌握，台灣人民奮鬥成功的經驗與果實必將成爲兩岸統一與否或如何統一的關鍵因素。

無論如何，兩岸一水之隔，唇齒相依，連蔣經國總統都曾鄭重宣示「合則兩利、分則兩害」，可見台灣絕無與大陸兵戎相見的本錢；同樣地，大陸欲想以脅迫或軍武來對付台灣，也解決不了問題。但是，有些本地政客眼中只有政黨或私己利益，一味使用「反中」和「親中」兩極選項以譁衆取寵，玩弄愚民把戲，不惜以海峽和平爲祭品，視兩岸蒼生爲芻狗，每每造成雙方關係冷熱無常、進退失據的危境，亦爲極其不智且不當之舉。

記得前年開春期間，台灣適逢多事之秋，佛光山星雲大師親書「蜿蜒向前，福慧雙全」偈語，舉蛇蟲曲折前行爲譬喻替國人加油打氣，其精妙之處，識者盡皆嘆服。二〇一五年伊始，大師又撰「三陽和諧」四字，祝禱人我和敬、社會和諧、世界和平。我謹借用智者的話語，期盼新的一年裡兩岸關係在互敬互諒中止跌回穩，也深信兩岸之間唯有在穩定中求發展最符合台灣民眾的福祉。

兩岸的和平競賽

趁著回台之便與幾位就讀政大的大陸學生會面。他們說起當初懷著憧憬而來，想要體驗台灣的開放社會和自由風氣，到了之後卻受制於「三限六不」法令，在校禁止實習和工作，即使畢業也不准就業，造成他們在台灣發展的空間相對狹窄；另一方面，留台數年期間又將與原社會形成時空斷層。對於未來，同學們滿心茫然。

開放陸生入學，本是美事一樁，可以讓對岸的年輕學子浸染民主時潮，為兩岸關係發展培育和平種籽，假以時日也可望拉近雙方社會現代化程度的差距。近年陸生來台的人數逐年成長，二〇一四年達到二千七百三十四人，算是執政黨兩岸政策的小小成果。記得馬總統擔任黨主席時，承諾將儘快取消對陸生的不平等限制，遲遲未能付諸實施，如今礙於政治環境的變化，恐怕更將一拖再拖，遙遙無期。

反觀負笈大陸的台灣學生，處境截然不同。早年的台生帶著忐忑不安的疑慮登陸一探究竟，卻意外獲得言論、行動與工作的自主性，如今都感覺收穫豐盈。他們更認知到，中國正在全面除舊佈新，城市建設一日千里，民間財富不斷累積，機關學校、公私企業與都市居民頻密與國際社會接軌。二〇一四年中國出境遊客超過一億人次，入境觀光的也有兩千七百萬人次；據了解，此刻在美國進修的中國留學生就有卅萬人之多，足見大國不但崛起，更在高速開放之中。不久之後，中國大陸必將成為全球年輕世代就業或創業的重要市場之一。

兩年多前，我應邀擔任上海交通大學本科（大學部）入學考的口試委員，當面與七十幾位列名台灣學測頂標的優秀高中畢業生對話，才驚覺到大陸社會對台灣青年學生的磁吸力量。固然，自一九八五年大陸開放台生就學至二〇一四年底爲止，人數不過萬人，但報考學生的質與量不斷提高，尤其彼等來大陸讀書的決定多出於自由意志而非家庭影響。理由何在呢？除了兩岸實力此消彼長的趨勢外，我認爲大陸正從封建落伍邁向革新開放，台灣卻從理性進步走回狹隘封閉，也是一股逆向的推力。

兩岸從二〇〇八年起聯手推動經貿文化交流，雙方熙來攘往，成果相當可觀，卻在旦夕之間被一個太陽花事件打得幾乎熄火滅燈，再加上九合一大選的結果，使雙方往來一下子由熱而冷，不禁令人對兩岸關係如此「脆弱」發出喟嘆。事實上，這幾年國民黨改革無力，坐讓「鎖台」意識高漲才是禍首，使更多政治投機客「逢中必反」，不計是非對錯，也不顧是否攸關台灣百姓利益；第二個原因是思想的僵化，決策者在時移勢轉之下依然墨守成規，不知通權達變，總在「兩岸對等」或「台灣優先」的民粹教條中自欺欺人。過去若干「惠台」計畫，都被人以國家安全為名，或遭到矮化為由，或本地市場難當衝擊、利益分配未盡公允為慮，先設法減緩其進度，終至不了了之。若政府的大陸政策繼續採取易攻為守之式，處處畫地自限，最後吃虧的仍是我方。

大陸政協主席俞正聲在兩會上鄭重提出要加強對台灣青少年工作；幾乎同時，馬雲等企業家相繼來台，宣布將成立基金，協助本地青年創業。不管是「統戰」還是「讓利」，大陸朝野領導人一旦向台灣招手示好，難免引起議論紛紛。不過，台灣既為民主國家，任何勢力，包括政府在內，對年輕人選擇未來的自由豈能橫加干預？更不可能代做決定了！

從某個角度觀之，兩岸除了和平發展外，似乎正開始進行一場和平競賽，雙方以各自的優勢條件博取新世代青睞，而兩岸的青年菁英人才也將以本身的去留行動來投下他們的認同票。

看舉世對中國的態度轉變

幾個歐陸國家不顧美國反對，決定參加亞洲基礎設施投資銀行，引起相當關注，也引出台灣應否加入的爭議。雖只是單一事件，它至少透露兩個訊息：第一，國際間利字當道，概以本國利益優先考量，傳統觀念裡國與國的友誼、道義，甚至協議、盟約反而是次要的，更別提這些西方「發達國家」素來對於中國與中國人民所存在的反感、敵意與歧視了；第二，中美交鋒，中方再度獲勝，可見面對東方大國的強勢崛起，山姆叔叔的「世界老大」寶座愈坐愈不安穩。

當然，我們的心情也不無矛盾。眼見東風漸漸壓倒西風，同屬華夏子民總是與有榮焉，但畢竟兩地有別，在「統獨」之爭未定之前仍然維持對立狀態，大陸愈強大，台灣就相對愈弱小，想要彼此「對等」就愈發不可能。這也是最近台灣朝野政黨的兩岸政策更顯曖昧不明的原因之一。近年來大陸採務實路線，淡化「一國兩制」，退守「九二共識」的「一中」原則，並堅持以此爲底線；台灣官方在「一中」之後加上「各表」，算是穩住陣腳，保住顏面，馬總統的「不統不獨不武」、「台灣優先」等路線較貼近民意，卻被對方視爲模稜兩可；至於在野陣營的大陸政策始終拿捏不定，偶爾拋出一些甚麼「台灣共識」、「兩國一制」之類的說詞，「創意」十足卻難以實踐；日前陷於進退維谷的蔡英文低調喊出「盡力維持現狀」，聽得出來語帶無奈，而口無遮攔的柯文哲居然來上一句「兩岸一家親」，傳到各黨各派人士耳中又各有一番況味。

台灣長期以來要求和大陸平起平坐，位階對稱，蓋以小對大總得維持尊嚴，再說兩岸之爭終要端上談判桌，若高矮不對等，會演變成大者爲勝，贏家全拿的結局。但現在的問題是，兩岸實力快速此消彼長，我方的籌碼已所剩無幾。譬如過去大家公認，台灣的「人」比較優秀，可是時至今日，情況已非如此。最近在一次聚會中聽到「創新」專家李開復在論及兩岸實力消長時，做了一個有趣的比喻，他說以新世代人力資源的平均水準而論，二十幾年前的台灣和大陸如果是八十分和五十分之比，而今天台灣還是保持八十分，大陸恐怕已達到五百分，甚至將邁向五千分了！這種十倍、數十倍的成長模式，適足以說明西方先進國家不顧一切尋求與中國大陸合作，藉以投入亞太地區建設的企圖心。

此外，兩岸社會的固有文化體系大致相近，台灣人的素質之所以一度占在上風，主要得利於早先推行民主制度，社會開放時程較長之故。今日大陸，隨著政經改革腳步，教育漸次普及，整體社會不斷對外開放，我們向來引爲自豪的自由民主風氣與人文素養將不再具有絕對的優勢。未來台灣不論誰人主政，千萬不可把大陸的新世代人才想像成偶爾在街頭瞥見的那些教養不足、舉止失態的內地觀光客那樣不堪，否則恐將因低估「敵情」而誤判局勢。

當此舉世國家對中國的態度大幅轉變之際，一水之隔的台灣斷無任何理由執意與對岸堅壁清野，僵持不下，乃致白白喪失向上發展的機會，至於過去一些老舊陳腐的意識形態教條早已失去其合宜性與適時性了。

二〇一六年的總統大選爲期不遠，很多人已「預見」政權再度輪替，但也有人認爲「九合一」的鐘擺效應有助於執政黨蟬聯。無論如何，各陣營候選人中，誰能提出一套視野高遠且具體有效，顧及情感更符合現實，又足以保障台灣住民安全無虞的大陸政策，才夠資格爭取到選民的放心支持。

反貪是築夢的開端

二〇一二年，中共國家主席習近平上台未久，即展開「反貪腐」運動，還強調「老虎、蒼蠅一起打」，於是薄熙來、徐才厚、周永康、令計劃等曾經叱吒風雲的中央政要先後被捕入獄，而地方上的不肖官吏也在中紀委巡迴小組嚴查之下紛紛中箭落馬，倖餘者人人自危，惶惶度日。最近國際刑警組織中國局更針對一百名涉嫌犯罪的外逃人員發布紅色追緝令，務使追捕到案，日昨已有一人被捕，據云這批亡命海外的要犯多數涉及貪瀆案件。大陸輿論與一般百姓對習近平強力整風肅貪的作法給予高度評價，認爲此舉將帶來中國政壇新氣象。

反貪腐執行官王岐山在第十八屆中紀委全會上報告，二〇一四年舉發貪腐案高達二百七十二萬件，有二十三點二萬名涉案官員受到處分，被判定爲貪汙及收受賄賂等罪者五點五萬人。這幾個數字令人悚然而驚，也讓我們向中共領導層整飭政風的決心肅然起敬，更對中國的吏治可望澄清，乃至於整個社會風氣的改良與世道人心的淨化都寄予高度期待。

不過，報告中也透露出幾個訊息：第一，大陸官員貪腐其來有自，幾已蔚然成風，黨內黨外政經圈子裡的不法份子絕非少數，可能化零爲整，形成了若干利益共生集團，上下交相賊，彼此掩護，狼狽爲奸。儘管時下官場上盛傳「不怕閻王怕老王」的流言，王岐山團隊想在短期之內治癒沉痾，弊絕風清，並非易事。二〇一四年的雷厲風行固然獲得較前卅年平均數大幅提高的肅貪成果，但就大陸數以千萬計的龐大公務員量體來說，仍令人擔心腐敗份子是否捉不勝捉？打虎捕蠅行動能否持之以恆？

第二，在貪官汙吏的名單上赫然有不少過去口碑良好、政績卓著的改革派領導人物，通緝中的嫌犯亦多數曾任黨政機關或企業機構的一把手，這些領導幹部平日道貌岸然，大義凜凜，暗地裡卻敢於貪贓枉法，循私作惡，可見過去大陸官場上「說一套、做一套」的歪風並未歇止。

其實這種心口不一的行徑又豈是官場所獨有？現實生活的例子俯拾皆是。打開電視看到中央台的新聞主播正襟危坐、滿臉嚴肅地報導著社會光明面的訊息，還不時以「作之君、作之師」的姿態宣導忠孝節義等為人處世的大道理，可是近幾年來該台內部連續爆發出種種違紀違法的醜聞，台前和幕後對比起來，顯得兩相矛盾，扞格不入；二〇一二年習總書記首度提出「中國夢」治國理念，一時之間，全國上下如響斯應，各級機構的「配套措施」乃鋪天蓋地而來，光是以「中國夢」為名的歌曲即不知凡幾，其中有一首「少年中國夢」，歌詞寫著：「我有一個夢，你有一個夢。有夢的少年好幸福，有夢的國家會強盛。要讓夢想成眞，沒有捷徑，只有奮力拚搏，努力攀登……」童稚而眞誠的歌聲使我內心澎湃激揚，卻同時對這個社會裡的眞假、誠僞、是非、清濁之間模糊的界線感到迷惘。

我們衷心期盼中國人民築夢踏實，百年難遇的「中國夢」切不能淪爲一場口頭上說說唱唱的宣傳秀。習近平有一句打貪名言：「我們不是沒有掂量過，但我們認準了人民的期待」。不錯，濫用權力、崇拜金錢的官吏怎麼可能符合人民的期待？同樣地，活在一個欠缺公平與誠信的環境裡，人民怎麼可能讓夢想成眞？我認爲，習近平反貪腐的意義絕不止改革政風、提升效率，更是中國人民築夢的開端。

兩岸關係發展何必曰利？

朱立倫與習近平的北京之會，是近一年多兩岸關係陷入低潮以來，國共最高層次的接觸。在談話中，習近平呼籲雙方應在「九二共識」和「反對台獨」的基礎上加強交流，重新擘畫兩黨關係發展前景，建設兩岸命運共同體，他特別強調要充分考慮雙方社會的心理感受，尤其要爲基層民衆提供更多機會；朱立倫的談話亦聚焦在「三中一青」（中小企業、中低收入、中南部及青年）政策，坦承過去和平交流紅利在台灣引起分配不均的疑慮，他尤其希望年輕人能夠獲得更多成果。

政治人物說話總是比較含蓄。用淺白的語言解讀，兩位領導人其實就是在檢討以往的「讓利政策」，雙方顯然都體認到，讓利是讓了，但有欠公允，不符一體對待、雨露均霑的正義法則。難得北京一番盛情美意，卻引來台灣基層社會的不平之鳴，造成反效果。多多少少影響到執政黨大陸政策的成效，進而使兩岸關係出現窒礙。

最近看到《今周刊》發表「兩岸三地一千大企業」調查報告，其中大陸上市公司有六百五十七家入列，台灣企業進榜的只有六十五家，專家們更預測中國會迅速成爲一個足與西方抗衡的國際經濟圈。相形之下，籠罩在大國身影下的台灣愈顯單薄。而在雙方實力懸殊之下，大陸對台政策勢將繼續以惠台措施爲主軸，至少北京認定，以具體行動讓台灣社會受益應該是表達善意、贏得民心、拉近距離最直接有效的途徑。

不過，施人以惠也需在做法上多加琢磨。過去兩三年間，我曾多次向涉台事務官員指陳惠台政策的缺失。第一，不患寡而患不均。如少數國民黨高層領導遊走大陸各地，不但備受禮遇，還能在官方默許下透過商業途徑攫取暴利，此中內情在台灣經過口耳相傳已成半公開的醜聞。在北京方面來說，僅僅是在酬庸對兩岸和平發展有重大貢獻的台灣領袖人物；但是看在更講求公義、平等的台灣老百姓眼裡，卻產生極大反感，最糟糕的乃是這種利益輸送行為，會令台灣百姓誤認為所有主張兩岸融合的台籍人士都在圖謀一己之私利，而非眞正以全體台灣人的福祉為念，難怪近來有更多民衆對兩岸關係的發展冷漠以對。

第二個缺失是捨近而求遠。平心而論，台灣社會中對大陸現況抱持正面態度的原非少數，他們有的心懷故國山河，有的認同華夏文化，更多的人對蛻變後的共產中國懷有憧憬與期待，而移往大陸創業、投資、就職或求學，再加上有意願與大陸同業交流合作的民間企業、學校、機構、協會等等，這些數量以百萬計的「友善台灣人」都是大陸朝野可以自然而然、順勢而為結交的對象，可是卻未曾受到重視或禮遇，反倒聽聞大陸高官不辭勞苦地頻頻深入台灣本土社區去「交朋友」，寧非怪事？

舉例言之，自大三通以來，台灣的影視、文化、媒體、出版業者多數有心進軍對岸市場卻難以如願，宗教團體與公益基金會想要赴大陸各地助人行善卻受阻於註冊手續，私立大學主動爭取與對岸國立大學締結「雙學位」協議卻遭到婉拒，中小規模的台商急於轉型升級而籌設融資信用合作社卻感到障礙重重……。理由呢？多半是「限於法令」或「兩岸對等」，骨子裡藏的仍是敵對意識。這批存心與大陸社會融為一體的台灣同胞並未強求任何破格的優惠，但他們長期被貼上「境外」標籤，不能融入主流社會，與一般公民待遇無緣，又怎能讓他們對「台灣與大陸都是中國一部分」的說詞堅信不移？更如何能教他們在目睹台灣紅頂嬌客到處橫行無阻、備享特權之際，不感到失望與沮喪？

其實，我相信對於眞正有誠意促進兩岸交流的仁人志士而言，海峽的永久和平與台灣的繁榮富足才是終極的無形價値，何必曰利？

停戰紀念面面觀

二〇一五年是二次大戰結束七十週年，國際間紛紛舉行紀念儀式，提醒世人戰爭殘酷無情，並一致期盼過去的傷痛教訓，能換來明日的世界和平。

中國是二戰最大受害國，北京方面從年初即開始舉行多項活動，追悼在抗日戰爭中犧牲的亡魂，更將於九月三日舉行閱兵大典，請到五十位友邦元首政要與會；當天受閱部隊皆爲精銳之選，最先進的武器戰備也在現場公開展示，其軍容之盛，規模之大，均屬空前，在中日關係緊繃的此刻，不免爲紀念活動抹上濃厚的政治色彩。

歐洲的停戰紀念會則依慣例在元月二十七日「國際大屠殺紀念日」舉行。

來自四十九個國家的代表齊聚位於波蘭奧斯威辛集中營舊址，為七十年前被集體毒害的一百一十萬名遇難者默禱。由於當年受害的絕大多數為猶太人，而猶太族群的高度民族凝聚力以及他們在全球經貿、文化界舉足輕重的地位，使這段血淋淋的史實得以大量見諸於各類文學、藝術和影視作品之中，在全世界廣泛流傳。

二戰的元凶日本，竟也盛大舉辦「原爆七十年紀念會」，目的是為當年在廣島、長崎的死難者「慰靈」。首相安倍晉三強調日本是二戰中唯一受到原子彈攻擊的國家，願奉行無核世界的理想，並呼籲各國和平相處，避免戰爭悲劇再度發生。其實，過去日本政府並不曾深切悔悟，也不願正式道歉，如今厚顏不慚地以原子彈受害者自居，擺出一副受委屈的模樣，可謂心態可議，面目可憎。

關於那兩顆原子彈，外電揭露了一個內幕。原來美方主其事者在轟炸日本的前夕，把計畫中的投彈目標之一京都改換成長崎，以避免京都市內的珍貴文物毀於一旦。這則報導令我掩卷而歎！這小小京都何其有幸，能免於劫難，完保無損？而擁有數千年文明的中國何其不幸，無緣受到如此厚待？百年以來，西方侵略者和日俄等列強，不斷蠻橫地「進出」中國，並在殺伐毀傷之餘，恣意掠奪損壞無數文化遺寶，迄今無人聞問。根據一九四六年國民政府編撰的《中國戰時文物損失數量及估價總目》，光是八年抗戰期間，各地珍藏書籍與古物共損失達三百六十餘萬件，重要古蹟毀壞七百四十一處。七十年過去了，華夏人民心中的憤慨、不平與遺憾似乎始終靜默地藏在歷史的角落裡，隨著無情歲月消蝕殆盡。

回到台灣，又是一番況味。一般民眾對於抗戰勝利的意義明顯「無感」。畢竟，曾經度過烽火歲月的第一代「外省人」早已老成凋謝，出生於承平時期的年輕世代何嘗受過戰爭的威脅？也不存有任何血淚傷痕的記憶，更無由從被竄改的歷史課本中萌生敵愾同仇的抗日情緒。偏偏大陸方面又因過分宣傳共產黨對抗戰的貢獻，引發執政黨人士反感，使兩岸關係雪上加霜。不過，矛盾的是，國民黨人既然堅持在抗戰中的主體性，卻爲何淡漠以對？既然無感，又何必在意共產黨人如何「熱烈慶祝」這個本屬全體中國人民的光榮日子？

最荒謬的還是中華民國前總統李登輝，在日本接受採訪時公然表示「台灣與日本原本曾爲同一國，不存在抗日這樣的事實」、「當時我們是以作爲日本人，爲祖國而戰的」。連一向倨傲的安倍晉三也終於在八月十五日發表聲明，爲日本的戰爭行爲「反省、道歉」，難道替侵略者做傭兵的「實習士官」李登輝卻以「爲祖國而戰」而深感榮耀？

大家都在說，回顧戰爭是爲了防止戰爭。但是人類的愚昧、貪婪、自大和偏見，卻無時不在爲下一場戰爭埋下導火線。

要贏得天下 先抓住民心

二〇一五年九月三日在北京舉行的閱兵大典，海峽兩岸反應截然不同，看得出兩地民心各異。不過，就台灣來說，縱使民眾對抗戰勝利「無感」，也無必要杯葛大陸舉辦紀念活動；即便在野黨人對坦克導彈「反感」，也沒理由越俎代庖，賣力批共，幫「國軍才是抗戰中流砥柱」的史實做平反；閱兵之所以引發輿情震盪，主要還是連戰夫婦在敏感時刻登樓觀禮，而隨同出席的團員率皆政商名流，亦引起諸多聯想所致。北京方面或許百密一疏，未曾料到這場風光盛典會留下一道傷口，但台灣的貴賓團員仍自認此行並無不當，甚至感覺委屈，就未免太昧於民意了。

民意也者，本是西方人的玩意兒，源於十七世紀的英國，代表「社會大眾的共同意見」，到了民主時代，成為政府施政最具正當性的依據。古代的中國人受帝王統治，民主意識淡薄，在漫漫政治黑暗期裡，偶遇不世出的明君懂得探民瘼、納雅言、施仁政，即為萬民之福也。台灣從實施地方自治以來，頻繁的選舉蔚為政治權力的來源，民意的重要性始得以確立。時至今日，政府的政策、政黨的路線和政治人物的言行舉止都難逃社會公意的論斷。

可是，要能精確洞察與掌握民意卻非易事。首先，「民意如流水」，就是指它變化多端，動向難以捉摸。二〇〇五年連主席破冰之旅，為兩岸奠定和平基石，可說是符合當時台灣民眾的期待；十年風水流轉之下，連爺爺重臨舊地，卻引爆輿情洶湧，至今餘波盪漾，實乃人民的認知與態度已非昔比。此外，過去小老百姓面對權貴人物大多抱持「仰之彌高」的心理，如今在社會平權價值觀盛行下，人們更推崇「庶民英雄」，對於金字塔頂端的達官巨賈則採取較苛刻的檢驗標準。

其次，「民意」常與「民粹」糾纏不清。前者經過理性檢測，較能反映人民立場，後者流於偏激，常藉民意之名行煽動之實，反而造成對整體社會的傷害。一九七〇年代蔣經國主政初期，毅然放棄反攻大陸國策改採深耕台灣路線，著手推動十大建設，就是因應時勢、滿足人民需求的舉措；反之，二〇〇八年國民黨重返政權後最大的困境，輒爲過於受制於民粹，以致綁手縛腳、當爲而不爲，一再錯失重振黨魂、開創新猷的契機。以課綱事件爲例，如果馬政府於執政之初即乘勢整頓前朝「去中國化」遺風，諒不至於在七年之後僅僅「微調」一下就遭到遍地開花的反彈；同樣地，若非當初國民黨決策者瞻前顧後、憂讒畏譏而排拒「儘早安排黨內接班人」之議，二〇一四年的北市選舉應可免於大敗虧輸，眼下的大選之路也不會走得如此蹣跚。

此外，民意的具體呈現不外「民調數據」和「媒體輿論」二途。可惜民調雖透過科學化程序，其結果仍可能產生誤差；而媒體，在台灣的政經環境中，無論由黨、政、軍或資本家來經營都很難做到超然、客觀與公正；打開幾個「音量」最大的電視政論節目，名嘴們各自站在預設立場上褒貶時事、月旦人物，不只讓主政者不知所措，也經常使民意真正的主人陷入迷惘。

若從時代軌跡中尋找典型，昔日孫中山在滿清氣勢將盡之際領導革命推翻帝制、毛澤東趁人心望治之時蓄植實力建立共產中國、李登輝於掌握政權後全力推行本土政策以遂行其個人獨台政治理念，都是當代人物運用智慧、體察時潮以扭轉現勢、創造歷史的先例。即如近來習近平在大陸整肅貪腐、澄清吏治的「打虎捉蠅」行動也深獲人民支持，達到對內凝聚團結、對外塑造形象的效果。

還是一句老話，要贏得天下，先抓住民心。

愛台就非得反中？

這兩年台灣興起一股反中風潮，隨著政權爭奪戰而越演越烈，不僅綠營政客逢中必反，連執政高層遇到大陸相關話題也多半支吾其詞，甚至噤若寒蟬，滿朝文武無人敢於挺身而出為兩岸政策辯護。若就媒體和網路言論觀之，反中更有演變成全民運動之勢，舉凡涉及海峽對岸的人、事、物，總免不了負面迴響，台灣彷彿又回到「漢賊不兩立」的亂世，所不同之處，一為主導鬥爭的已非中國國民黨，而係本土反對勢力，二為今日的反中更甚於當年的反共，從中共政權到中國人民、中國社會、和中國文化，無一不反。

其實近年來兩岸交流的成果相當可觀。今年經貿往來預計在一千二百億美元以上，其中台灣對大陸出超約二百五十億美元；目前大陸飛台航點已擴及六十一個城市，每周八百九十班次，全年載運量近一千萬人次，而黃金路線仍一位難求；大陸觀光客遊台熱度不減，每年爲台灣帶來三千多億台幣的觀光收益；開放陸生就學才四年，已有八萬多人來台進修，台灣青年赴大陸唸書、就業的也絡繹於途；就連前陣子曾引起反彈聲浪的新型卡式台胞證，迄今使用者也達到二十三萬人。

數字會說話，反對黨人士不會不明瞭現階段兩岸互動的重要性，仍兀自高舉反中大旗，動輒口誅筆伐者，無非是藉著擴散本土意識以蓄積政治能量罷了。令人不解的是，台灣民衆一邊樂享兩岸交流的果實，一邊卻似沉溺在反中浪潮裡隨波逐流，還不時應聲附和。不久前，一位年輕藝人爲大陸產品代言，竟招致「不愛台灣」的罵名；日昨的「馬習會」亦復如是，外界一致認定這次歷史性會晤對海峽和平具有重大意義，反而在自己家中遭受嚴厲批判。

難道說，「愛台灣」就非得「反中國」嗎？

台灣人對大陸有所反感，不外乎以下原由。第一，國共內戰留下的血淚傷痕，但隨著老成凋零，往日的恩怨情仇早已走入歷史。第二，兩岸分隔一甲子形成的差異，例如台灣力行民主法治，走資本主義路線，而大陸實施中央極權，屬社會主義制度，惟二者之間的落差經過大陸改革開放與兩地人民往來已逐步縮小。第三，兩岸主權重疊產生的爭端，因而時釀外交紛擾，或觸發武力威嚇，難免造成台灣民眾的憂患意識。不過，衡諸近幾年來北京的惠台措施以及對兩岸和平發展路線的堅持，雙方有我無你的「零和關係」正漸漸被「共存雙贏」的模式所取代。

如此說來，本屬多元開放社會的台灣，爲何對同文同種的中國大陸抱持如此偏激的敵意?可想而知,係出自於政治權謀與偏見。反中人士慣常的說法是,台灣即使能從兩岸復合中獲利,但也容易形成對大陸市場的嚴重依存度,一旦雙方關係破裂,將陷入泥淖之中進退維谷。此一論述的謬誤在於它的眞實性係建立在「雙方關係破裂」或回復對抗的假設之上,而那種倒退的情勢豈不正是反中運動最可能造成的後果!如果台灣每一任執政者都堅守中華民國憲政體制,不倡導台獨,不蓄意挑釁,北京何須撕裂這份難得的和睦關係而大動干戈?再從現實面來說,值此舉世向東方大國示好之際,我們未來可能的國家領導人卻執意與之爲敵,全然不計台灣的安危休咎,又怎能讓選民放心委以重託?

記得初抵上海時,友人知我早年在海外曾爲「反共愛國聯盟」成員,乃好奇地問我爲何願來大陸工作?我坦然以告,四十多年前,兩岸尚處於劍拔弩張的緊繃狀態，身為台灣一份子當然要反共保台，如今西線無戰事，兩岸走向和平發展，「反共復國」志業早已失去時代意義。

我認為，所有真心「愛台灣」的人，此刻更該專注於如何促進台灣的安定、繁榮和進步，而非逢中必反，無端興波，再陷全民於險境。

再談反中情結

無意中看到一份台灣年輕選民問卷調查，應答者以泛藍屬性居多，但被問及族群認同時卻有高達百分之六十二的人自承「是台灣人」，遠高於「是中國人也是台灣人」及其他選項，反映出新世代的本土認同感強烈，超越地域、族群、黨派之別，他們咸以「中華民國」的國民自居，卻對「中國人」三個字所代表的廣義身分冷然以對。這樣的民調結果固然顯示當前民意之所趨，亦可視之爲「去中國化」運動的具體效應。

翻開台灣史，大陸移民始於南宋，至明末清初乃有大批閩粵人氏跨越「黑水溝」而來，當時台灣仍爲中國領土，台灣人當然也是中國人。台灣通史有云：「自海通以來，西力東漸，運會之趨，莫可阻遏」，於是在兵連禍結之下，台灣迭遭異族統治；惟「草澤群雄，後先崛起，朱、林以下，輒啓兵戎，喋血山河，藉言恢復」，可見本地仁人志士心向中原，不甘爲奴，時而揭竿起義，與殖民者做殊死鬥爭。及至一八九五年台灣被清廷割讓予日本，但終於二戰結束後回歸中國版圖。

仔細分析起來，眞正造成台灣人欲與大陸社會「分家」的源始，概與國民政府遷台後的「反共國策」有關，其次就是「二二八事件」所衍生出來的分離意識和台獨運動。回想解嚴前的那段日子，台灣朝野上下瀰漫著恐共、反共和仇共的氣氛，如今，海峽休兵，國共和解，尤其北京方面不斷釋出善意以收攬人心，但台灣民衆對大陸的情結已深，再加上先後幾任執政者或存心挑弄，或惡意破壞，或無能調處，屢陷兩岸關係於政治漩渦之中。民進黨人善用時機，乃順勢大打反中牌，最近連國民黨地方勢力亦高舉「本土」招牌相與唱和，競相把兩岸和解的遠景當作爭奪個人權位的祭品，使得台灣社會愈發興起一股激越的反中情緒。

事實上，這條「反中保台」的路線不但行不通，且具有危險性。說它行不通，是從歷史與文化淵源著眼。兩岸社會不只同文同種，更長期浸淫於中華傳統倫理與儒家思想價值觀念之中，雙方人民對華夏文化的依賴根深柢固，且無二致，絕不是竄修幾本歷史教科書或高喊幾句「一邊一國」的口號就能撼動得了的。近聞台北有人倡言中小學校應停授「成語典故」，顯然是為「去中國化」再出新招！我們想問的是，沒有成語典故的中國語文能延續其生命嗎？未來是否該把中文與國語一起廢止？甚至所有傳自中土文化的經史子集、詩詞歌賦、琴棋書畫、宗教信仰、歌舞戲曲、民間技藝，以及中醫、國樂、唐裝，乃至於紫微斗數、少林功夫、北京烤鴨和「刺客聶隱娘」都應目為異端，一律剔而除之？

廿多年來，我遇見的大陸人士莫不對台灣保存中華傳統文化的努力而交相讚嘆，他們一致認為，十年文革摧折了大陸的文化體質，而台灣社會卻得以培養出一批更具有人文素養的公民。今天，對岸領導人知恥知病，正在銳意革新，而台灣政客竟欲自毀根基，企圖讓後代子孫墮入文化斷層，可謂其心可誅！事實上，台灣縱能一時拒絕與大陸合組政治的中國，卻永遠無法自外於歷史和文化的中國。

說到它的危險性，則是針對台灣人民的生存空間。近幾年，中國對外門戶開放，經濟發展快速，航太科技超英趕美，軍事實力大幅提升，國際地位與威望足與世界霸權分庭抗禮，而我們以「小確幸」之姿與「大超強」隔水相望，姑不論「一中各表」或「維持現狀」孰優孰劣？「統」「獨」分合之路何去何從？兩岸經貿往來對台灣有利有害？未來的主政者至少應以務實的態度謀求兩岸關係和諧，以確保台灣的安全與富足，何苦一味迎合民粹，在人民之間挑起疑忌、製造仇恨，徒以強鄰爲敵，以家園爲壑？

台北選戰伊始，鑼鼓喧囂，熱鬧非凡，令人焦灼以待的是，三組候選人的大陸政策「牛肉」究竟在哪裡？

兩岸大勢超越藍綠

大選之前，上海朋友來台觀摩民主聖會，目睹人心思變，綠營看漲，有人問我：爲什麼廉潔自持、形象完美的馬總統執政成績如此之差，以致民調低迷？更多人擔心國民黨會再度失去政權，那時兩岸關係將如何是好？我把心中所想據實以告。

首先，馬英九絕非治國無能，充其量是治黨無方。過去八年來，他始終如一，展現廓然大公、守正不阿、溫文謙讓的個人風範；在施政方面，無論國防、外交或兩岸關係，都踩著平和穩健、進退得宜的步調蜿蜒前行，尤其兩岸大三通、經貿文化交流都爲台灣帶來正面價值；反倒是馬主席領導的國民黨顯現出組織鬆散、高層傾軋、菁英流失的病象，漸與時潮脫節，與民意背離；

最嚴重的莫過於他的「乾淨不沾鍋」原則也體現在黨務管理之上，每遇當興當革之事，輒採取不偏私、不干預、不作為的態度，而在用人方面，為了保持超然而不分親疏，甚至不辨敵我，於是乎賢能不入，人才斷裂，基層動搖，怨懟四起，國民黨遂積病為癰。其實，馬總統說的那句話是對的：「政府並沒有對不起台灣人民」！或曰：「馬主席對不起國民黨員」還比較接近事實。

綜上所論，如果大選確由蔡英文出線，並不代表其個人政見或政黨立場普獲民心，而主要得利於國民黨體質虛弱又失誤連連，以及泛藍分裂，與前兩次政黨輪替和去年台北市長選舉十分類似。到時候，兩岸間一夕變天，那才是其大陸政策接受檢驗的開端，而台灣人民也將因此面對極為嚴峻的未來。

其次，大陸政策關乎台灣安危，選後仍為首要國政，而未來的執政者不論藍綠都必須順應以下幾個法則：

第一是「和平發展」。兩岸之間斷不可再動干戈，惟有台海的平靜無波才是國人身家性命的保障，這是大陸政策的底限。而和平的維繫洵非難事，以當前政治局勢觀之，只要執政者棄絕「台獨主義」，就能保證兩岸不啓戰端。

第二是「互助雙贏」。任何台灣政治領袖都無法漠視大陸崛起的事實和兩岸此消彼漲的現勢。當下世界各國都在振興經濟、厚植國力，而兩岸停戰言和已過了二、三十年，何必再苦苦糾纏，彼此箝制，造成兩敗俱傷？今日大陸除市場規模外，硬體建設也日新月異，足可補台灣之短；而台灣方面當以軟體或創意做爲交換；其餘如民主、均富、法治、平權、公益、環保等優質「軟實力」也是我方交易的本錢和談判的籌碼，若兩岸的「物質」與「精神」相互融合，各取所需，共創福祉，豈非絕妙美事？所謂「台灣對大陸過度依賴」之說，實不足爲訓，蓋雙方全面對等交流，大陸對台灣也必然會有所「依賴」。

畢竟，台灣仍然站在文明指標的較高點。

第三是「和諧外交」。兩岸對峙本屬兄弟鬩牆，但拉到國際場域，不免爲了主權、領土及各自利益再生嫌隙。蔡英文主席指責馬政府「外交休兵」政策使台灣「非得看中國大陸的臉色」，此言謬也。設想兩岸眞的重回「烽火外交」的局面，除了我方的邦交國不保之外，台灣人出國遨遊四海的便利勢將大大受限，屆時我們不僅要看大陸的臉色，恐怕更要看全世界的臉色了！

第四是「擴大交流」。大三通之後，台灣賡續開放大陸觀光客和學生來台，卻招來「陸客消費不如預期，反而造成髒亂失序，降低觀光品質」的謾罵。坦白說，陸客確實良莠不齊，但全球旅遊城市因異國遊客文化內涵或文明水平差異引起摩擦本屬常態，台灣深具觀光潛力，又怎能因噎廢食，把口邊的大餅輕易捨棄？另有少數人反對陸生來台求學，而軟弱的主管部門居然向民粹低頭，加諸種種限制。孰不知，每年數以萬計的大陸年輕人來台接受民主洗禮，返鄉後即成「台歸派」，假以時日必將爲縮減兩岸意識形態落差，增強人民的認同與互信扮演最有力的推手。

我認爲，不管「一中」還是「各表」，「九二共識」還是「台灣共識」，都是政治術語，平常百姓難窺堂奧，對於二千三百萬鄉親來說，台灣這片樂土要能永保和平、長治久安才是最切身、最實際、最重要的課題。

兩岸關係再出發的契機

二〇一六年大選造成藍綠翻轉，政黨輪替，世人矚目。不過，對於八年來目睹國民黨自棄黨魂、自廢武功、自毀長城而含血、含淚投票（或不投票）的深藍一族而言，如此結局誠然可悲，卻屬意料中事，不足為奇；至於再度執政的民進黨亦無須自滿，因整體得票數平均僅略多於全體選民數的三分之一，仍未超越綠地範疇，且選戰勝負關鍵與前兩次政黨輪替及九合一相似，主要係取決於對手的積弱、分裂與失誤，而非勝方的政綱或政見；最受震撼的似乎是海峽對岸，表面上氣定神閑以保持風度，實則憤忿難平，正忙著籌思對策，以避免新政權新路線會傷及兩岸多年來透過商貿投資合作和旅遊文教交流所建立的緊密關係，也需預防台灣國會綠大藍小可能對兩岸相關法案產生不利效應，更要為兩岸關係萬一生變早做備案。

目前觀之，蔡政府的大陸政策撲朔迷離，尚無從論斷，但本次大選過程中確實出現幾個值得注意的新發展。第一，是國際的高度關切與反應。這次來台採訪選舉的外國媒體記者達四百人，爲歷屆之最，報導與評論的密度和深度均十分可觀，尤其對台灣產生第一位女總統、時代力量異軍突起、第三次政黨輪替等話題著墨極多；日本記者一股腦兒來了一百六十二人，眼看選距懸殊，個個露出喜不自勝的表情，似乎民進黨大贏也就是日本大贏！另外，選前選後都有美、日等政府代表前來正式拜會朝野領袖以及總統當選人，明裡或暗裡專程抵台「觀摩」大選的外籍人士更絡繹於途，使台灣處處瀰漫著外國勢力「進出」的肅殺氣氛。當然這種「民進黨比國民黨更受到外國支持」的印象絕非錯覺，實與中國的崛起對歐美、日本及太平洋島鏈諸國所帶來的威脅有關。依此推斷，民進黨執政後，稍有不愼即可能將兩岸關係從「中國內政」或「特殊國與國」的紛爭推向國際政治漩渦之中，其結果將與「台灣問題由兩岸中國人自行和平解決」的中美初始共識大相逕庭，也為大陸對台用武提供藉口，而台灣海峽淪為東亞火藥庫的危機，已可預見。

第二，是選戰激化全民反中情緒。台灣的選舉常流於煽情衝動，但只要手段合法，只能算是民主盛宴的小瑕，不掩大瑜；揮之不去的，則是早期黨外抗爭時期的「台獨」餘韻，使每次選舉都參雜著「國家定位」與「民族認同」的矛盾以及兩極選民之間尖銳的對立。於是，「反中國」、「反中共」，乃至於「反中國文化」的選戰策略應運而生，再加上零星的個別事件被有心人渲染誇大，不只重傷兩岸人民情感，更一次次扼殺雙方和平相處、合作共榮的機遇。身為資深國民黨員，我更能感受到民進黨淬礪奮進的精神，也覺察到其內部不乏熱血澎湃、堅守理想的政治人物，若民進黨回歸到憲法體制之內與其他黨派做良性競爭，同樣有取得執政的機會，甚至能擄獲更多選民的支持！屆時，政黨輪替成為常態，台灣才眞正登上現代民主國家的殿堂，而老百姓也免於陷入「驚濤駭浪」、「地動山搖」的危境。如果新的政府仍舊躑躅在「中」與「台」、「合」與「分」的意識形態迷宮之中，無法改採務實理性的路線面對兩岸局勢，我擔心，在資訊高速流通的今日，不待解放軍發起「武統」，大陸民間社會就會爆發「反台」、「排台」風潮，而兩岸和平發展之路更將荊棘密佈，那時候，再多的惠台措施也難挽狂瀾了。

第三，是國共合作的結構崩解。過去兩岸來往概以國民黨為溝通平台，讓利措施常限於黨政高層小圈圈。如今，此一平台已隨國民黨組織結構萎縮而功能不再，或許這正是兩岸關係重新出發的契機。北京方面應體認到台灣扁平化社會的特質，把對台工作的重點從官方轉至民間，從中央轉至地方，從高層轉至基層，從權貴轉至庶民。就國共交流而言，二〇〇八年投票給國民黨總統候選人的選民共七百六十五萬，約可視爲傳統國民黨的基本盤與兩岸交流的支持者，而今年流失選民三百八十四萬，除小部分係老成凋謝外，大多數都是對國民黨由希望，而失望，而絕望，終於拂袖而去的泛藍軍。爾後兩岸民間交流實不宜集中於國民黨舊體制或少數政商集團，在國民黨徹底革新之前，可直接以這七百六十五萬泛藍群衆爲對象。

新春伊始，台灣的政局給兩岸政黨遞出了不同的訊息。瓦礫中的國民黨應如何痛定思痛，厲行改革，勇敢面對浴火重生的艱鉅任務？執政後的民進黨將如何挑起「當家」的重擔，從現實面爲台灣的安全尋求保障，爲兩岸的和平找出方向？而對岸的共產黨又該如何肆應列強合縱之勢，同時重新調整兩岸關係的思維與對策？在在考驗著政治領袖的智慧與器識。

國民黨革新需翻天覆地

國民黨主席補選在即，然而各媒體主要版面仍被小英、柯P佔滿，除了「黨產」話題偶爾浮上水面，幾乎看不到國民黨的身影，可見其處境之困窘。

國民黨遷台以來，遭遇過四次危難。一是在共軍「血洗台灣」的威脅之下，堪稱風雨飄搖，「退此一步即無死所」；二是七〇年代我國退出聯合國，美國亦醞釀與中共建交，台灣淪爲「亞細亞的孤兒」；三是千禧年政黨輪替，百年老店首度瀕臨破產，人心浮動自不在話下。

即使如此，國民黨人從未懷憂喪志。在頭兩次劫難中，台灣仍處於舊黨國體制，執政黨責無旁貸，一肩挑起救亡圖存的重擔，對上鞏固領導中樞，對下激發存亡與共的敵我意識，不僅安度難關，更先後完成土地改革、創造經濟起飛、奠定民主基石、推動務實外交，終能重返國際社會。

二〇〇〇年的情況亦同，雖然痛失政權，百萬藍軍不改其志，寧把大選失敗歸咎於李登輝的叛離與連宋的割裂，畢竟當時在國會及地方版圖上國民黨仍保持優勢。那些年，黨內濟濟多士，上下齊心，旋即重掌政權，再次印證「危機就是轉機」。國民黨歷盡劫波，不但沒有「散了團體、灰了志氣」，反而在劣勢中淬厲奮進，贏得高於預期的成果。

二〇一六年大選的挫敗算是第四度危機。不幸的是，這一次國民黨備經摧折致形象大壞、士氣低落、人才斷層，不只是外界看衰，連深藍人士也對未來感到悲觀。身爲資深黨員，我願以親身觀察所得，替沉痾中的國民黨開個藥方，或能產生些許療效。

第一，落實黨內民主。國民黨自詡為民主政黨，實則非也。從黨內決策形成模式及選舉提名人推舉過程與歷屆人選觀之，即可證明其由上而下的官僚文化未改。馬英九主席任內言必稱「決策悉由黨內機制決定」，但掀開「機制」的面紗，呈現的卻是：黨代表良莠不齊、中常委聊備一格、全代會行禮如儀，所謂「決策民主」徒具虛名耳。此外，內部垂直溝通管道過於封閉。我曾在智庫任義務職，嘗於會議中提出較為「激進」的興革意見，卻總被紀錄修飾淡化或乾脆留中不報，唯恐違逆上意也；近年來縱有機會面見主席力陳時弊，亦多半了無下文。未來的領導人必須有寬大的胸襟與魄力以開通渠道，俯聽下情，察納雅言，才能注入徹底改革所需的養分。

其次，加強組織動員。政黨的發展不同於政府，在於它是與時俱進的，應不斷爭取同道以擴大群衆基礎。我窩居北市近卅年，且與國民黨淵源甚深，但家中從未接過地方黨部主動聯繫、通知、訪問或出席會議與活動的邀約，顯見黨組織早已「衙門化」，欠缺開枝展葉的熱度與動力。再看馬主席下鄉屢遭民衆「嗆聲」事件，每次鬧場均由隨扈出手制止而非黨員或黨友現身聲援，新聞披露後每每引發外界訾議，也嚴重打擊內部士氣。我很難理解，究竟是馬主席謙沖為懷，堅持輕車簡從、微服出巡？還是各級黨部已無發動群衆之能力？人皆謂：「國民黨已失其魂魄」，做為骨幹的黨工若非率先奮發振作，憑什麼來激勵基層黨員以重拾黨魂？

第三，廣招社會良材。過去幾年，黨的領導者在象牙塔中孤芳自賞，空自坐擁江山卻任由人氣四散，根基潰爛，連昔日爲黨攬才、育才、培植接班梯隊的革實院（國發會）也在改制後功能式微，下屆黨主席以在野之身又如何聚攏各界俊彥以共謀大業，實爲可慮。尤其年輕新世代對國民黨印象不佳，恥與爲伍，即便有意入黨者，對於能否在黨內發揮理想、展現長才，亦感渺茫。新的領導班子若無法啓動一輪翻天覆地的革新計畫，光憑幾句泛泛的口號就想喚起激情、呼群保義、重復失土，殆無可能。

古云：「國恥足以興亡」，但願今日國民黨所遭受的凌辱與磨難能昇華而爲他日東山再起的能量。

天然獨其實是人造獨

最近媒體上不時出現「天然獨」這個名詞，頗具創意，想必出自網路文學。「天然獨」的意思，是指當下年輕人在國家認同的態度上比較傾向「台灣是獨立國家」的立場，而此一政治主張被認爲是隨著世代交替，自然而然產生的新思維，代表未來的主流民意。

先不去計較台灣的年輕人口中究竟有多少人眞正挺獨，但即使多數人有此傾向，也絕非「天然」，而是出於特定政經文化環境的感染，是經過高度人爲操作的集體影響（group influence）的結果。

回顧台灣民意指標由「統」到「獨」的轉捩點是在一九九〇年代中期，關鍵人物是李登輝。他以公理爲號召、改革爲名義、修憲爲手段，首先解散「萬年國會」，接著進行廢省、凍結國統綱領以縮減中華民國政府對固有疆域的主權，繼而倡導「台灣優先」及「中華民國在台灣」等獨台言論，最後推出「兩國論」正式將兩岸分割；陳水扁接棒後，進一步落實法理台獨，厲行「去中國」與「去中華文化」運動，凡屬與中原文化臍帶相連的歷史文物與記憶均欲除之而後快，包括：更改歷史教科書、取消傳統節慶紀念日等等。

李、陳兩個朝代首尾相連，大陸政策的戰略思想一脈相承，不外乎：一、台灣是民主的、開放的、文明的，中國是極權的，封閉的、霸道的，雙方在本質上存在極大歧異；二、與對岸來往，必須以台灣爲主，並講求對等與尊嚴，愼防被中共以大吃小；三、台灣應靠在民主國家陣營一邊，共同圍堵中國的侵略野心，簡言之，就是要「親美日，遠大陸」。

一九九四年四月一日千島湖事件爆發，李登輝見機不可失乃發動第一波批共攻勢，嚴厲譴責「中國政府踐踏人權、中國人欺侮台灣人」，引發島內群情激憤，同聲撻伐。根據台灣民調資料，在案件發生一個月之後，認同「自己是台灣人」的比例，首次超過「自己是中國人」。從此，每當兩岸間發生嫌隙，我方有心人士都會誇大渲染，致令事態擴大，餘波擺盪，而一般民眾也在風行草偃之下逐漸對大陸社會萌生反感，連帶對若干中原文化的表徵也有所排斥，終而形成狹隘的地方主義意識型態框架。二〇〇八年國民黨雖重掌政權，卻始終未能正本清源，重振炎黃世冑和中華文化在台灣的正統地位。

從千島湖到太陽花整整二十個年頭，案發時出生的孩子已逾弱冠之齡。年輕人滿懷熱情，為了伸張正義、追求理想而走上街頭，本不足為怪，但如果普遍抱持抵制中國、翻轉歷史、揚棄固有文化的偏執立場，當然不僅僅是受到「二二八事件轉型正義」、「教育部修訂課綱」、「年輕族群就業困難」或「國民黨立院黑箱作業」的刺激，而係在成長過程中持續受到特定意識形態框架制約之故。古人說：「性雖善，待教而成」可爲佐證。

時間，可以模糊記憶，甚至可以冷卻熱情，消弭仇怨，但不會讓一個社會的成員對本身國家民族意識和傳統文化內涵產生疏離或厭惡感。所謂「天然獨」，其實是「人造獨」，主要源自於當權者的政治操弄。

民族意識與文化認同本爲兩岸之間最大公約數之一，也是化干戈而玉帛的首要途徑。馬英九上任時曾私下表示，台灣民衆的本土情結其來有自，他希望在八年任內至少能恢復國人自承爲「中國人」（當然也是台灣人）的身分認同。如今視之，身負藍軍重託的馬總統沒能做到他的自我期許，而備受北京猜疑的蔡英文若能做到，則兩岸局勢必將峰迴路轉，到了那時候，「兩岸一中」自然成爲主流民意，而「九二共識」不就是「台灣共識」了嗎？

轉型正義不能昧於歷史事實

台灣社會不停地上演翻轉戲碼，目前出場的是「轉型正義」。立法院內，「促轉條例」正蓄勢待發，而綠營立委也使出極度誇張的身段和腔調，嚴厲控訴歷史人物「不公不義」的行徑；電視新聞的標題夠聳動：「殺一人判死刑害千人者還爲他蓋廟？」顯然是在以鄭捷與蔣公做比較。

轉型正義（Transitional Justice）是政治學名詞，意指一個國家經過民主轉型後，新的政府應適切處理過去威權時期迫害人權、踐踏生命等濫用公權力的行爲，包括補償受害者，處罰犯錯者，制定或修改相關法令以保證未來不再重蹈覆轍。在過去一、二十年裡，台灣的執政者確曾針對過去歷史的傷口加以彌縫，其中，「二二八事件」的平反、賠償與撫慰，最受重視；其餘「白色恐怖」時代的受害者也逐漸受到朝野及社會大衆的關注與矜憐。雖是遲來的正義，仍然讓台灣的人權維護在國際間綻露光芒，也使我們的社會溢滿人性的暖流。

不過，轉型正義的主旨絕非鼓勵後人對前人做清算鬥爭，倘若受害者抱著洗冤雪恥的心態以牙還牙、窮追猛打，即便清了舊債卻又結了新怨，將造成世代、族群或階級之間的仇恨鴻溝以致冤冤相報。

推動轉型正義更不能罔顧時空的差距，一味以今非古。設想中外歷史上不乏流芳後代的盛世明君，但以今日的人權標準檢視之，恐怕都成了暴政魔頭，人人可得而誅之，畢竟在那個時代，政治權力凌駕一切，庶民百姓的身家性命根本無足輕重，此乃舉世皆然之事。

至於受過戰火侵擾的災民，處在生死邊緣，更不知人權為何物。二戰期間，各國災民無以計數，除了被納粹屠戮的猶太族裔因其後代的影響力而受到舉世矜念之外，餘者甚少獲得精神或物質補償。以中國而言，抗戰八年軍民死傷一千餘萬，至今連一個正式道歉也未可得，世上還有什麼正義可言？

台灣的例子更加不同。一九四五年中日戰爭結束，內戰又起，四年後國府敗退來台，從此形成國共隔海長期對陣的局面。最初幾年，毛澤東揚言血洗台灣，島內「匪諜」、「台共」伺機而動，政府在危疑震撼之下遂於一九四九年五月起頒佈戒嚴令。在將近四十個年頭裡，台灣人民的基本權利被大幅限縮，導致許多冤案長埋地下，至今還有待揭露、調查、澄清和處置。但當初戒嚴的最終目的，仍是在遏阻中共犯台，而非蓄意壓迫平民百姓。

一九八七年七月十四日，蔣經國總統去世半年之前，他眼見前方戰危已消，兩岸和平在望，乃決定解除戒嚴、取消報禁、開放組黨，恢復憲政常態，應可說明當年的「白色恐怖」主要還是戰爭陰影下的產物。

綠營「討還國民黨產」的聲浪波及到救國團和婦聯會，也未盡公平。一九五二年誕生的「中國青年反共救國團」，是政府爲了號召全國青年誓做反共後盾而成立的，當時隸屬於國防部總政治部之下，可謂係特殊時代的特殊產物，後以環境變遷，「反共救國」的功能不再，二〇〇〇年易名「青年救國團」，轉爲社會教育與公益社團。數十年來，救國團辦理各項活動以增進青年技能與身心發展，其所培育的優秀人才對台灣社會貢獻厥偉；至於婦聯會的前身——「中華婦女反共抗俄聯合會」也是以團結婦女同胞支援反共聖戰及照顧前方將士眷屬爲成立宗旨。類此機關在風雨飄搖的歲月中都曾扮演過維護台灣安全的角色，究其初衷，並非專爲一黨一私服務，且多已成功轉型爲民間團體，新政府不妨協助其繼續發揮社教功能，若全然不問歷史淵源與是非功過，一概打爲全民公敵，豈非挾正義之名行不義之事？

轉型正義本爲普世價值，但不能悖離歷史事實，更不可落入政爭漩渦之中，變質爲快意恩仇的利器。古云：「寬以容人，厚以載物」，主事者當引爲戒勵。

PART 2

第二篇

社會與公益

Public Affairs and Welfare

人民團體是國家進步的推手，慈善機構則是社會的良心。每年夏季，海峽兩岸數以百計的公益界人士群聚廈門，興致盎然地參與公益論壇，彼此交換心得，溝通意見，研討案例。看到這一批善心的菁英賢達，為了促進己身所從出的家園邁入真善美的圓滿境界而奔走，心中時深感佩。但願這股世間的浩然之氣能迎風挺立，奮力向前。

請重視司法人權

前陣子高雄大寮監獄發生駭人聽聞的囚犯脫獄未遂卻集體自戕事件。事後，馬英九總統反應明快、直指獄政管理有重大疏失，要求法務部迅速查報，日前卻驚爆報告內容與事實大有出入，原以爲係自願身入險境交換人質的神勇典獄長竟然謊報軍情，不僅「欺君罔上」，還企圖瞞盡天下蒼生，可見國內獄政窳劣之一斑。不過，此一事件除了「監管人員與設備疏失」之外，隱藏在火山底層之下的「受刑人人權問題」，同樣值得主管機關正視與深入檢討。

說起人權，台灣這幾年在國際上名列前茅，也是兩岸社會差異的重要指標。可是，且讓我們看看以下法務部的資料：二〇一四年台灣監獄內受刑人數爲六萬三千多人，而獄所收容總量爲五萬四千多個席位，超收將近一萬人，導致監獄人滿爲患，壓縮每位受刑人的生活空間至零點四三坪，遠少於國際標準的零點七坪；據云許多犯人在牢裡摩肩接踵，入夜就地而眠，還須側身而臥，可謂備受折磨；再者，一間過於擁擠的牢籠對收容者，甚至管理人，所造成的焦慮不安以及在矯正過程中所產生的困難度更不言可喻。依據《公民與政治權利國際公約》第十條第一項規定：「自由被剝奪之人，應受合於人道及尊重其天賦人格尊嚴之處遇」，我國係公約簽約國，斷無理由任令受刑人在獄中飽受個人尊嚴上的屈辱。

另據第十條第三項規定：「監獄制度所定監犯之處遇，應以使其悛悔自新，重新適應社會生活爲基本目的」，也說明受刑人縱因一時犯錯而限制其身體自由，其基本人權卻不能被剝奪，獄方更不能壓抑其未來再度融入社會的希望與機會。最近傳出某企業家在獄中每天看五、六份報紙、經常核閱公司報告，卻招來「享受超級特權」的滔天罪名，若衡諸前述國際公約之精神，受刑人雖失去行動自由猶能樂觀上進，維持「社會支持網路」，對刑滿復歸懷有信念並預作準備，應屬正當行爲；除非其已違反法令或內規，實不必責之禁之。

獄所的功能包括懲罰與教化，而後者的重要性尤高於前者。蓋監獄絕非是使犯人與世隔絕或接受酷刑的所在，而是要透過矯正手段使之幡然悔悟，改過遷善，並助其順利返歸家園過正常生活，不致成為社會的負擔或隱患。尤其，因不慎誤蹈法網或初犯或過失犯者，更應在一番警惕勸勉之餘儘快給予出獄自新的機會。因此，若有典獄人員願意付出愛心，和受刑人相處融洽，不妨視之為一種感化教育的過程而正面看待之，實不宜率爾加諸以「縱容」或「勾結」等汙名。

現下台灣每十萬人中有二百七十五人在獄中生活，且比例逐年升高。法律學者指出，我國採行「重刑主義」是漠視監獄矯正功能，也是造成獄所超收、受刑者產生怨懟的主因。的確，對於犯錯者一味抱持「報應原則」，以牙還牙、以眼還眼，不但盼不到「刑期無刑」的一天，恐將形成惡性循環。以大寮監獄事件來說，幾位死者年紀輕輕，卻選擇比法院原判決更重的處罰加諸己身來表示對現狀的抗議！顯然他們意圖透過集體自我毀滅來宣洩內心最深重的悔恨與絕望。

這次不幸事件所揭露的黑獄眞相絕不止於管理疏失與人謀不臧，但願國人更能懷著哀矜的心情對所有身纏官非或已陷於囹圄的朋友多加關注，並籲請政府加速司法革新，修訂刑事法令，建構多元處遇機制，包括減刑與特赦，以降低犯罪與監收比率，並大力改善獄政以保障受刑人權益。

隨緣 簡單 眞善美

從媒體報導中看台灣，渾如一片不祥之地，大小刑案幾乎無日無之，上焉者爭權奪利，下焉者偷拐詐騙，更間或傳出弒父殺妻、性侵學友、隨機砍人之類的奇聞怪事，完全沒有一丁點兒「幸福小島」的模樣。咱們台灣眞是如此不堪嗎？當然不是！此間媒體專挑最能刺激閱聽大眾感官神經的社會事件作爲擴大報導的對象，說是「新聞炒作」也不爲過。

不過，長期在極爲有限的市場環境裡求生存的媒體經營者競相向收視率靠攏，也是不得不爾，要他們獨攬其咎洵非公允；再說新聞記者從社會陰暗面裡挖掘眞相、摘奸發伏也算是職責所在。姑且退一步想，我們至少可以鼓勵正面牽引的力量同時興起，讓社會大眾聽得到充滿眞誠與感動的心靈故事，看得見優質、淨化而有品味的美好畫面。

佛光山星雲大師憂心傳播媒體內容漸趨媚俗化，於二〇〇二年發起「媒體環保日 身心零汙染」活動，倡導「不色情、不暴力、不扭曲」三不運動，推行「做好事．說好話．存好心」三好準則；繼而於二〇〇九年創辦「真善美新聞傳播獎」，希望能藉由光明面的新聞報導以激濁揚清，促進洗滌人心、端正風氣的效果，至二〇一四年已舉辦六屆，計有海內外八十四位新聞傳播界賢達人士獲得不同獎項的殊榮。

商業媒體追求刺激性新聞早已蔚然成風，絕非台灣所獨有，任何追求真善美的媒體改革運動都是「知易行難」，甚至可謂逆潮而行；因此，每屆籌備會議中，委員們莫不詳閱資料、反覆討論，經過最客觀、公平的評審方式推舉出學養精湛、堅守正道、貢獻卓越的資深新聞工作者以爲年輕同業的表率，另外也大力拔擢一批懷抱熱情，有心踵步前賢的新秀，期能樹立標竿、傳承典範。

二〇一五年第七屆「眞善美新聞獎」除「傳播貢獻獎」、「社會前進獎」之外，新增「年度專題計畫報導獎」，係針對饒富創意與前瞻性的新聞報導企劃而設，激勵新聞製作者充分發揮文字或影像的能量，匯聚成促使台灣向上翻轉的動力。

籌備委員會爲二〇一五年「專題計畫報導獎」設定的主題爲《兩岸新世代》，顯然是基於新媒體蓬勃發展，及其對未來世界影響巨大之故。活在今日的網路環境裡，人人手握一機，可以透過App、Line、臉書、微信、部落格等途徑蒐集資料、傳達訊息、公佈意見、發送照像或影片。即便一介升斗小民，儼然與「媒體大亨」無異，隨時隨地掌控著龐大數據與情報，和地球村裡的其他村民保持頻密聯繫。主辦單位從「婉君」（網軍）中發掘新銳的作法將創造出無限可能性，使「眞善美新聞傳播獎」邁向更新穎、更開闊、更多元的進程，對不同世代、階層、族群的人們產生正面的效益。

提起下一代，就不能不想到海峽兩岸的問題。兩岸間的和與戰、合與分的趨勢都關乎台灣的命運，而這些未來的發展與動向無疑將由新世代的主人翁所主宰，上一代的人若無法了解年輕世代的心情與想法，終將迷失在日益多變的世界裡。

《人間福報》連載星雲大師「貧僧有話要說」長文，內容生動有趣且蘊含深意，總共二十說才登載不到一半即傳頌全台。大師在文中自稱「貧僧」，因其個人既無存款又無私產，但是卻在幾十年中陸續將千億以上的善款投資於興辦教育、出版、媒體、賑災等公益慈善事業之上，他強調「隨緣、簡單、身心自在」就是最美好的生活；大師一生從未接受正式教育，卻在學佛、參禪、禮拜的過程裡自省悔悟，在長輩老師的耳提面命和聖人賢者的言行舉止中修習上進，終於成爲一位智慧絕頂，佛理精湛又充滿慈悲法喜的當代高僧。

近日佔據媒體版面的新聞事件主角有許多是性好自我炫耀的權貴子女，或受過高等教育卻甘於作姦犯科的社會上流人士，媒體長篇累牘地報導他們的所行所爲，聞之令人生厭。星雲大師的「有話要說」宛如春風拂面，及時爲大家解開糾纏已久的心結。

世上最富有的「貧」僧

星雲大師以「貧僧」自名，發表「有話要說」系列鴻文，短短一個月內就轟傳海峽兩岸，在各大媒體競相刊載下，萬千讀者交相談論，全文付梓後預料將成為本年度華人世界最暢銷書籍。

大師一生著作等身，各種文字論述何止千萬言；不過除了佛教專書一類外，多集中在醒世勸善的嘉言或創建佛光山的點滴以及與外界人物結緣的故事等等。《貧僧有話要說》則是一次完整的自我剖析，把個人的內心世界清楚呈現，由於是口述筆錄，文字顯得爽達暢快，眞情畢露，讀來如見其人，尤其在述及生命歷程中種種特殊的人事物之時，隱隱可見大師的音容笑貌躍然紙上，也因此讓人看完「一說」就意猶未盡地期待「二說」快快刊出，就像我們兒時瘋迷報刊上的章回小說一般。

就這麼斷斷續續地看完了二十三說，對於大師崇高的人格、慈悲的心腸、寬宏的胸襟與遠大的眼界更增一番深切的體認，但同時也從心底裡感覺到一絲酸楚。我們都明白大師之所以「有話要說」，無非是鑒於前一陣子慈濟功德會的財務風波在媒體口誅筆伐下持續延燒，竟波及到佛光山，其間還有電視名嘴提出一些穿鑿附會的負面說法，難免會影響視聽，使白壁染瑕。

想想看，九十高齡的老和尚爲了捍衛佛教界、佛光山和他本人的清譽不得不打起精神，一口氣說了十幾萬字的心情話語對社會做些澄清，雖然文章的筆觸恰如大師的爲人，樂觀、開朗，還帶些輕鬆詼諧，然而說者內心的委屈是可想而知的。

對於世間人我的是非恩怨，大師一向「不說也罷」，這次他擔心外界風風雨雨會造成誤導，「影響信徒對佛教的信心，甚至令他們失去信仰」，所以他還是決定把心中所想一吐為快。不過，正如大師所說：「人生際遇一切都是因緣」，他開金口、訴衷腸，聽在我們做弟子與信眾的耳裡，倒成了一堂做人做事大道理的學習課程。

《貧僧有話要說》從大師幼小成長過程、個人修行和際遇、弘法與建寺建館建校紀錄、人世間的因緣聚合到佛教改革與兩岸交流紀事等多方面都有涉獵，連他迭遭惡疾纏身卻得以克服身心障礙終能「與病為友」的奇妙轉折都娓娓道來，鉅細無遺。對於文中若干情節，相信曾經與佛光山結緣的人都可以做第一手的見證。

大師對於「貧窮」有一番新解。他說：「雖然一貧如洗，仍然覺得自己非常富有」，因爲對他而言，內心的滿足才重要，外在物質都是可有可無。五十多年來，他弘佛法、建寺院、興學校、譯經書、築佛館、設媒體、闢論壇、蓋醫院、捐善款、出叢書、辦法會、賑災民，做了這麼多事，卻連一個私人帳戶都沒有！他用「貧僧」自稱，是一種自我嘲弄，也對外界的無端流言做了最有力的反擊。

家兄趙寧生前曾受知於大師並擔任第三屆佛光大學校長，有一次爲了師生出國參訪的經費不足而向大師報告，大師一聽之下即請來一位善心居士與趙校長見面，三人喝茶寒暄，只談了三言兩語，客人便開出一張幾千萬的捐款支票，當場大師就直接交給校長處理。家兄對於這次「一壺茶抵千萬金」的募款經驗嘖嘖稱奇並引爲佳話。大師認爲人間佛教的志業，就是「共成十方事，同結萬人緣」，任何事都離不開衆人，成事之後也該回饋衆人，他自己，只是個推手而已。

針對外界質疑佛陀紀念館裡設有商店一事，大師詳爲解說，想必心酸滿腹。我且就此事再做一個見證。大約兩年多前的一天，佛光山的師父召我上山幫個小忙。原來近年大批陸客湧入佛館參觀，臨行都會熱購一些台灣土產或紀念品，由於館內的商品價格特別便宜，導致台灣其他觀光景點的店家抱怨生意減少。我便邀請旅遊界代表多人上山，參加星雲大師親自主持的協調會，當他瞭解到佛光山不求營利的愛心服務原來「擋人財路」了，當即決定撤除若干商家攤位，以免損及相關業界的合理利潤。由此看來，佛陀紀念館內容許設置素食、咖啡店及便利商店也只是爲遊山的信徒與外客提供便利罷了，居然還有人「質疑」，眞不知是何用心？

在「我的自學過程」一說中，我們見識到大師幼年時期經歷的艱苦歲月，實在超乎想像：喝的菜湯碗裡菜蟲比菜葉多、三餐主食豆腐渣混灰土鳥糞吃、宜蘭掛單處設施簡陋，如廁要走十五分鐘等等。儘管如此，他也不覺其苦。大師說：大迦葉尊者、顏回和德雷莎都是他的榜樣，生活簡陋而不改其樂。這番話，在苦澀中透露出無比的堅韌與豪壯，我相信對於任何一位讀者，都會產生勵志的作用。

時至今日，大師的日常生活依然簡單節制，他認爲飲食的最大樂趣，不過就是「蘿蔔乾和茶泡飯」，這種淡泊的人生觀令人肅然起敬。大師在回顧那段成長過程時也不減其一貫的幽默。

例如，有一段講到他隻身來台後曾在寺廟裡教課，來學習的人多是當地婦女。按照規定，出家人要等學員先吃完飯離席後才輪到他們上桌，因此廟裡弟子有人酸溜溜地抱怨他們吃到的菜裡都是「密斯佛陀」，指的是當時台灣最盛行的女用唇膏，大師回說：這也沒什麼關係，人家是密斯（Miss），我們是「佛陀」嘛！善用過人的修養與睿智化解心結，消除壁壘，進而激發鬥志，開拓機運，似乎是大師一生成就驚世事業的不二法門。

中華佛光會全世界二百多個據點，星雲大師鼓勵每位當地住持建立美術館。他說：「當信徒不斷增加而我們無法全程陪伴時，美術館的藝術作品就可以幫我們留住信徒」，何等細膩的心思！當各地普設美術館、紀念館、文物館、朝山會館時，弟子們問到究竟「館」或「舘」字，以何者爲正確？他當即決定凡是「讓大家身心獲得養分的設施」就用「館」，而「供人住宿打尖的處所」就用「館」，以字體的「會意」來區分，這又是何等敏銳的機智啊！

推廣文化教育可能是大半世紀以來星雲大師用力最多的地方，我認爲這也是他對臺灣這片土地最大的貢獻。文中他提到當年省下一頓午餐錢，只爲了去買一本書來看；如今他先後在全球各地創辦三十餘所大、中小學與幼稚園，更到處推廣或贊助學術、文藝活動，前前後後花費達數百億元！大師總說：「一切是因緣」，我卻想，大師把自身在劫難中的卑微心願化成了普度世人的大愛，才會發心要竭盡一己之力滿足衆生接受教化的需求吧。

從一個凡人的眼光來看，星雲大師一生的偉業不離「弘佛、覺世、揚善、濟弱」八個字。他首創人間佛教，率先從神壇走入凡塵；他矢志「以文化弘揚佛法、以教育培養人才、以慈善福利社會、以共修淨化人心」，更爲淨化社會、端正人心而嘔心瀝血地建構未來美好世界的藍圖，都能一一實踐諾言，逐步完成計畫。他眞正是一位佛教界的苦行僧、拓荒者，也是當代最傑出的社會教育家。

星雲大師奉獻畢生心力創建佛光山，而佛光山傾其所有、無私無我地護持普世有緣之人。佛光普照，福澤被人，蒼生感佩，舉世同欽。大師說，他一無所有，但內心富足。事實上不止如此，他還擁有萬千衆生對他永生永世的感恩之情。他該當是世界上最富有的「貧僧」吧！

爲三名公僕按一個讚

近幾年來台灣社會愈發透明化，尤其民意機構及傳播媒體都強力發揮政治監督功能。各級公職人員中若有違法亂紀或怠忽職守者很難遁形，甚至未曾犯錯的政府官員也經常在政策、法令、情理與民意之間感到左右爲難，進退失據而致動輒得咎，所以有人以「官不聊生」來形容台北政壇。不過，最近在台停留期間曾多次和公部門人士接觸，遇到幾位公務員令我印象深刻。他們熱誠服務、勇於任事的傑出表現，值得大聲喝采！

這兩年，台灣各地的老舊眷村幾乎拆遷殆盡，僅餘小量保持較爲完好並具有歷史文化價值的建築物。我們這批生於斯長於斯的國軍第二代乃紛紛造訪政府各主管部會，爲眷村文化傳承而請命。文化部長洪孟啓上任未久，因在文化部門任職多年，對主政業務極爲嫻熟，提起過往案例或未來規劃，無論大小鉅細都能侃侃而談，並在會面結束後立即採取相應措施，可謂劍及履及。固然相關細節仍有待與各部會協商，可是一旦中央主管機關挑起了大樑，整個案子的政策方向既定，即有如撥雲見日，政府與民間步調一致，大家就動起來了。洪部長思路敏捷，行事積極，實屬文化部門難得一見的政務官。

二〇一五年三月下旬，我們在高雄左營營區舉辦了一場「眷村子弟回娘家」的活動，做爲計畫推動的起點。當天下午，兩百多位來自海內外的軍人家屬及後代齊聚在海軍陣亡將士紀念塔前，向先輩英雄們致祭。在受邀參加的政府首長中，高雄市長陳菊率先承諾親自與祭，以表示對本次活動的高度認同。她在現場以感性、虔誠的語調說道：「眷村是高雄文化資產重要的一環，市府重視老舊眷村的保存與發展，會透過都市計畫等行政手段予以改建，並且要妥善照顧過去對國家安全著有貢獻之人，並給予他們的家屬平等與尊嚴的對待。我們將與國軍攜手合作，爲眷村的歷史和高雄的未來一同努力，共創雙贏局面」。陳菊一席話爲高雄眷村文化保存計畫加了大把勁兒；更重要的是，她展現出政治家廓然大公的胸襟與悲憫寬恕的人道情懷，也以最實際的行動樹立珍惜文化、尊崇傳統的典範。

日昨返滬前夕，去了趟台北市大安區公所中辦敬老證。因爲不想塞在長龍隊伍之中浪費時間，特地趕個大早在八點半上班之前就趕抵現場，沒想到全體工作人員早已準時坐在櫃檯後面準備就緒，還不時向早到的洽公民衆親切問好；至於工作效率也正如傳聞形容的那樣，整個流程順暢無阻，井然有序。替我服務的辦事員一邊忙碌一邊爲當天現場人多嘈雜表示歉意，感覺是又周到又貼心。常聽人說台北的區公所是台灣最具文明水準的景點，可供外人觀光參訪，眞的不是句玩笑話。

這三個案例的主人翁，有男有女、有藍有綠、有中央有地方、有首長有雇員，他們的個人差異不小，共同點則是用心投入、熱忱工作，對於本身責任之所在深具自信心與榮耀感；他們無私無我、盡忠職守、服務人群，不論面對何人都能一體善待。他們的所作所爲才眞正配得上「公僕」兩個字的原始意涵。

人皆曰當今政府失能、領導失職，事實上，在台灣卅餘萬公務人員中，絕大多數仍然默默地堅守於崗位上戮力從公，社會大衆在期盼執政者勵精圖治、推行德政之際，也請勿吝於對表現優異的「公僕」用力按個讚！

史上最嚴禁煙令

二〇一五年六月一日起，北京市正式施行《控制吸煙條例》。這項被稱爲「史上最嚴禁煙令」的法條，明確規定所有公共、工作場所、室內區域以及公交系統一律禁菸，且不准另闢吸菸專區，就連戶外運動場、學校附近、排隊隊伍中也不可抽菸，違者個人處以人民幣二百元、單位處以人民幣一萬的罰款。無論北京是受到「世界無菸日」運動的召喚，還是眞心體認到香菸對國民健康的危害，菸害防制總算在中國開了個頭！

根據世界衛生組織的統計，中國是目前全球最大香菸生產國和消費國，煙民約三點五億人，幾乎佔了全世界吸菸人口的三分之一；大陸的男人有半數長期吸菸，女性比例較低，惟遭受二手菸之苦的「被動吸菸者」高達七點四億人，其中還包括一點八億兒童在內；每年有超過一百萬中國人因吸菸患病而死亡。

中國國家統計局的數據顯示，從二〇〇四至二〇一四的十年間，中國境內生產的香菸就接近二十五萬億支，平均分攤給全國的瘾君子，正好每人每天一包，消耗不可謂不大；若將如此海量的香菸頭尾相連，長度可以繞地球五萬多圈！難怪許多北京市民都在竊竊私語，市政府以有限的執法警力與戔戔之數的罰款，想要一舉杜絕由全市幾百萬隻煙槍所造成的共業，恐非易事。

我個人抽菸逾三十年，早年享受吞雲吐霧之樂，渾不知自己已成公害禍源之一；其後亦曾多次戒菸都功敗垂成，原因很簡單：和大多數頑固的「煙友」一樣，不到黃河心不死。直到數年前受眼疾之累，才在醫師嚴厲告誡下不得不戒除伴我半生的老習慣。沒想到進入無菸生活狀態後，很快就感到身心舒暢許多，更由於免疫功能提升，健康情況也日勝一日。懷著眞誠感恩的心情，我決定獻出一筆小額捐款給董氏基金會，聊表敬意，又沒想到居然會列名該會最「大宗」的捐助者之一！可見台灣公益團體資源有限、工作艱辛於一斑；可是，抗菸志工們的成就與貢獻卻非同小可，台灣的《菸害防制法》早於一九九七年通過，明令菸品須繳納健康福利捐，未滿十八歲者不得吸菸，部分公共場所實施禁菸。相較之下，台灣比對岸先進二十年。

不過，我國眞正執行「絕大多數室內公共場所及三人以上共用之室內工作場所全面禁菸」則是到了二〇〇九年元月，以時間順序而論在全球排名第六十九位。美國加州地區從一九九八年即開始實施百分之百的「室內公共及工作場所全面禁菸」；愛爾蘭人民吸菸率超過百分之三十，但該國政府爲積極保障國民健康，仍在二〇〇四年三月毅然通過法令，成爲全球第一個實施室內公共場所全面禁菸的國家。在全球人類積極爭取優質生活環境的努力當中，禁絕菸害無疑已成爲普世的共識。

來到大陸之後，出入公開場合經常置身於煙霧繚繞之中。我曾試圖以「過來人」的身分向廣電界人士建議，應善於運用時下電子媒體的巨大影響力，強制規定各級廣播電視台每天無償挪出若干廣告秒數專供播放菸害防制短片之用，以做爲強力宣導，畢竟香菸對國力之危害無與倫比，必須視爲首惡加以懲治，可惜遲遲未有下文。最近，偶見中央電視台及幾個主要衛星電視頻道開始播出少量公益廣告，誠屬可喜，但具有防菸、反菸性質的仍不多見。

兩個世紀之前，大清帝國因鴉片之患幾至亡國滅種。當時在強夷壓境之下，雖有林則徐這等識見卓越、智勇雙全的大英雄亦未足以撥亂反正；如今外敵不再，中國大陸所面臨的菸害純係「國賊」也，北京當局的禁煙令能否除害護民，且看今朝！

公益社會才是兩岸最大公約數

從二〇〇九年開始在福建廈門舉行的海峽論壇一直是最受矚目的兩岸交流平台。二〇一五年，在兩岸關係跌宕起伏、撲朔迷離的氛圍裡，第七屆海峽論壇依然熱鬧登場。會議以「關注青年、服務基層」為主題，明顯是在因應台灣驟變的民意和執行月前國共領導人會談的結論，可以看出中共對台工作一貫的務實作風。整個活動體現面向庶民社會、著眼弱勢族群的理念，十七項大小活動，分別由七十六個兩岸民間組織聯合主辦，一周期間招引了一萬多名台灣民眾渡海與會，主辦單位用心營造「兩岸一家親」的溫馨情境，得到相當正面的回響。

從六月初開始，台廈間的班機和小三通運輸工具班班客滿，座無虛席；會期內廈門市區遊人如織，滿街操著閩南語的男女老少，分不清誰是陸人，誰是台客。主論壇固然官方意味十足，其餘多爲針對各民間社團的性質所安排的對話場合，出席的台灣民眾形形色色，跨越年齡、族群、社會階層和意識型態的差異，堪稱兩岸擴大接觸以來最具多元色彩，也最能達到實際效果的常態性交流活動。

雖不意外卻也有些感慨的是，繞著會場內外走上一圈，大部分的討論內容都不離「大陸應如何讓利台灣」的議題；有人呼籲多多採購MIT（Made in Taiwan，台灣製造）農工商品，有人促請大力扶植台灣青年創業，有人倡議協助寶島文創產業進軍內地市場…建言要旨不一而足，目的都是儘量讓台灣同胞分享到大陸市場豐盈的紅利。

的確，兩岸關係在實力此消彼長之下，早已呈現傾斜狀態。表面上說著「互惠雙贏」，但實質的好處多半由陸方施予，我方收受。這種愈發失衡的「讓利」政策固然有其現實性與必要性，終究會傷害到台灣人的基本尊嚴及榮譽感。島內的政治人物論及兩岸關係時總不忘唱幾句高調，堅持「雙方須對等」、「拒絕被矮化」。事實上，兩邊強弱落差越來越大，如何能平起平坐？施者與受者的主從態勢越來越明顯，怎麼能互惠對等？又想要面子又想顧裡子，這種關係根本無法長久。

三年前，我向海峽論壇組委會提議成立「兩岸公益論壇」。明的用意，是願以成熟的台灣經驗引導崛起中的「東方大國」提升文明水平，暗地裡，則企圖藉著展示我方較先進的社會機制，在兩岸接觸場合中稍稍拾回台灣人失落已久的自尊。

公益論壇自二〇一三年舉辦至今，已有六十餘個台灣慈善團體、近兩百位愛心大使參與其間，所發表的每一個公益案例、人物和事蹟，總是在議壇上大放異彩、搶足鋒頭，使大陸代表們深刻瞭解到台灣是一個講究公義與平等的文明社會，也令他們從內心萌生敬意，並借鏡仿效。我認爲兩岸公益論壇已成功扮演起平衡兩岸關係的小小槓桿，而台灣方面必須持續發掘更多本土優勢元素注入兩岸競合的賽局，才有機會重返「平等互惠」的地位。

另外，兩岸中國人源出一脈，都承繼了老祖宗濟弱扶貧、悲天憫人的胸懷。從公益會場裡水乳交融的畫面不難看出，「發善心、行義舉、做好事」才是兩岸社會最大公約數，更是現階段拉近兩岸距離、融會兩地民心的最佳途徑。

大陸政協主席俞正聲似乎也有所感。他說，「兩岸交流要從『心』做起。

心走近了，海峽就是咫尺；心走遠了，咫尺也是天涯」，這段話感性十足，也切合現實，獲得滿堂彩。不管它是統戰詞令也好，是肺腑之言也罷，都值得台北的政要領導們參考學習。

公益影展展現民間生命力

第四屆「人間公益影展」在仲夏的台北市揭開序幕，一連展出六天，超過二千位市民在蘇迪勒暴風雨欲來前夕，及時跨進光點華山劇院觀看九部中西感人經典影片，把自己久經騷擾、摧折的身心放空到一段段充滿人性高貴情操的光影故事情節中，享受一下心靈沐淨的愉悅。永慶慈善基金會每年主辦公益影展，提供市民朋友一個免費看好電影的機會，是基於在媒體私營化的體制下，這些內容清新可喜、引人向上、傳輸生命正面元素的影視作品很少能進入一般民眾的眼簾；更具體地說，這類影片題材由於過於「素淨」，缺乏刺激感，沒有恩怨情仇的故事、怪力亂神的場景，無法在電影院創造票房或在電視台拉升收視，所以逐漸被排除在大眾傳播的商業範疇之外，形成社會珍稀資源的浪費。

本屆公益影展擴大舉行，佛光山也共襄盛舉，選片參展，以一部《跟著祖師參禪去》詮釋佛法精要，深入淺出，平易生動，獲得廣泛迴響；其次，榮獲奧斯卡金像獎的好萊塢院線片《我想念我自己》熱情加入公益影展行列，劇中眞實描寫知名語言學家罹患早發阿茲海默症的經過以及與家人的溫馨互動，透過編、導、演的通力合作，細膩刻劃出患者的內心世界，令人動容。

其餘如《推拿》、《麵引子》、《孩子的天空－新魯冰花》、《幸福三角地》、《長情的告白》、《我的影子在奔跑》、《五個小孩的校長》等作品，出自海峽兩岸資深電影人李祐寧、陳坤厚、田壯壯等名家之手，分別描繪溫暖家庭、人文關懷、種族融合、生命眞諦、祥和社會五大面向的人生價值，片片內容精湛，感人肺腑，害得觀眾們個個紅著眼眶走出戲院。

爲了嘉惠南部民衆，人間影展也移師高雄推出六部影片，我們樂見高雄鄉親們呼朋引伴而來，攜手跨入象徵生命中至眞、至善、至美的情境，體驗愛心的溫暖，學習自我奮鬥和關懷付出。有人問我，爲什麼花這麼多精神推動人間影展？社會福利及公益活動不是應該由政府負責嗎？其實，台灣早已是一個民間力量勃發的社會，政府負責推行政務，工作龐雜，任務艱鉅，人民不妨集結資源，自成團體，以從旁襄助，形成一種互補共榮的關係，協力促進社會的祥和樂利，人民的幸福安康。以台北市來說，目前就有六千個非營利民間團體，在公權力之外，各自挑起一份推動社會向前的責任。

最近有關政府與人民之間的關係引起議論紛紛，甚至還有朝野人士對於「政府是否對得起人民」而爭執不休。不禁使我想起卅多年前先兄趙寧博士寫的一首遺懷小詩，只有短短四句，卻發人深省：「我是天涯飄泊的嵐，你是清曉待發的帆，我要癡癡地纏在你的身後催你向前，日日月月、歲歲年年。」

那一刻他剛結束異鄉飄泊的日子重回家園，目睹台灣經濟起飛，社會快速躍升，乃以短短幾句話記下他的觀感，字裡行間透露出的卻是一名當代知識分子從心底深處向他所摯愛的祖國發出的喟嘆。

這首名為「起風的時候」的小詩後來被譜為歌曲，由聲樂家成明錄為專輯，並入選中影大戲《辛亥雙十》電影主題曲，還獲得第十九屆金馬獎最佳原作音樂及最佳電影插曲獎。據說，當時的主管官署對歌詞很有意見，理由是，國家或政府都是至高無上的，怎能由人民來「催」他向前？幸好該曲得到金馬獎的肯定，才未淪為禁歌。撫今追昔，益感台灣民主成果得來不易，怎能不好好珍惜？

留學生與國運

據媒體報導，有近萬名大陸留學生因表現太差被國外學校開除，少數頑劣分子甚至涉及鬥毆、綁架、吸毒、傷人致死的案件，嚴重傷害中國留學生的傳統形象。中國大陸自從一九七八年底送出首批留美學生，迄今已有一百五十萬名「海歸派」學者挾著專業知識、先進技術、民主思潮與更爲寬廣的世界觀回到中土，爲崛起中的祖國注入養分、提供動能因而備受寵遇，也使得「出國鍍金」成爲萬千莘莘學子與家長們共同的熱切願望。如今，大陸每年出國進修人數高達四十五萬，二〇一四年光是美國校園裡就有二十七萬名中國學生。人一多，難免暴露出良莠不齊，龍蛇混雜的現象。

台灣學生出國深造比對岸早了二十餘年。當初，校園裡流行兩句順口溜：「來來來，來台大；去去去，去美國」，說明「做台大人」和「留學美國」

都是年輕人脫胎換骨、出人頭地的最佳途徑；而政府也善於運用學成歸國的高素質人力，結合配套政策與外來資金、技術以提升教育水準，推動產業升級，造就出台灣政經社會的豐碩成果。不過，近幾年的留學熱度已不若以往，主要是由於國內碩、博士班招生名額增加，而外國名校入學錄取率降低，加上就業市場的變化使社會新鮮人不再以取得高等學位作為進入職場的首要條件；還有一個讓上一代人憂心的原因，則是現在的年輕人缺乏旺盛企圖心，普遍耽於安逸的生活方式。

近代中國學生留洋始於滿清末葉的的容閎，他於一八四七年赴美進入耶魯大學進修，返國後不但成為傑出的社會改革者，還因多次向曾國藩和李鴻章提出「留學計畫」，促成清廷於一八七二年派遣幼童出國研習富國強兵之道。值得一提的是，首批赴美的一百二十名「小留學生」泰半以最優異的成績進入美國一流學府，嗣後回到中國，也都在政府外交、工礦、鐵路、電郵等部門扮演除舊創新的重要角色；民國八年的「五四運動」則啓發了近代史上第二波留學風潮，當時的青年學人迫於軍閥割據、列強環伺的動亂局勢，乃深入探索國家的命運和出路，並重新思辯西方民主觀的眞正價值；一九七八年中國大陸改革開放伊始，早年曾赴法國「勤工儉學」的鄧小平倡議增加留學生數量，因爲「這是快見成效，提高國家水平的重要方法」。一言九鼎的小平同志帶頭吹響了新中國留學政策的號角。一個多世紀以來，負笈海外的中國留學生一直與動盪的國運密不可分，每能在風雨飄搖之際，投入救亡圖存的行列，或挺身聲援自己所從出的社會，適時發揮振衰起敝的作用。

一九七〇年代，我就讀於美國明尼蘇達大學，正值聯合國通過「排我納共」案，各友邦紛紛與台灣斷交，一時之間海內外人心惶惶，全美各地的台灣留學生乃在校園裡掀起「反共愛國運動」，積極爭取當地社會及僑學界人士對中華民國的支持。同在明州的家兄趙寧與趙靖決定創辦一份留學生刊物以廣宣傳，哪怕只能發出一丁點微小的聲音，也要克盡一份書生報國的心力；新雜誌定名爲《怡報》，取其「身處海外，心繫台灣」的寓意。趙寧自兼總編輯，在封面上引用周櫟園《書影》中那段佛經故事以自勵，上面寫著：「昔有鸚鵡飛集陀山，乃山中大火，鸚鵡遙見，入水濡羽，飛而灑之。天神言：爾雖有志意，何足云也？對曰：嘗僑居是山，不忍見耳！天神嘉感，即爲滅火。」就是這篇發刊詞招來了一批義工，大家胼手胝足地爲《怡報》催生。

四十年光陰忽忽而過，如今兩岸之間硝煙盡去，台美關係也步入新局，小小《怡報》早已無聲無息地淹沒在大時代的洪流裡，而異鄉遊子的熱血與激情仍然鮮活在記憶深處。

戰爭與和平

今年是二戰結束七十週年，這場人類有史以來規模最龐大的戰爭曾經毀滅六千萬個寶貴的生命。隨著時光流逝，昔日戰場上那些血流漂杵、屍橫遍野的驚悚慘狀已逐漸從人們記憶中消褪，只能從偶爾出現的電影鏡頭中捕捉。最近一張敘利亞小難民亞藍伏屍海灘的照片，再度引起世人的心靈震撼，也喚回我們腦海中殘存的幾個烽火餘生的影像，不論是淞滬戰場上哭坐鐵軌旁的嬰兒，南京郊外跪坐在日本士兵刀尖下的鄉民，或是越戰難民潮裡全身著火的女童，都充分暴露出戰爭的兇殘和人性的可鄙。

歷史的軌跡顯示，人類從未自血腥中記取教訓。大戰結束後，美、蘇進入冷戰時期，爲了爭取超強地位而展開軍備競賽；雖然隨著蘇聯瓦解、柏林圍牆倒塌，邁入後冷戰時期，但和平並未眞正實現，反倒是恐怖主義代之而起，種族仇怨的火焰不時點燃中東的彈藥庫，並延燒到全球各地。二〇〇一年的九一一恐怖事件，造成兩千多名無辜者的傷亡，換來的卻是美國的軍事反擊，並在十年之後才將元凶賓拉登殲滅。在此一期間，世界人民飽受心理威脅，惶惶度日，而恐怖行動未嘗就此戢止，新近崛起的ＩＳＩＳ以聖戰活動爲名，專事破壞古蹟、殘殺民衆，心態更爲凶狠，手段更顯暴虐。此外，敘利亞內戰邁入第四年，仍然僵局難解，已有超過十五萬人罹難，百萬人流離失所，國際問題專家推測，多方勢力的軍事對抗仍將持續進行，媾和之日遙遙無期。

除了中東以外，非洲自九十年代開始，也不斷出現衝突與爭鬥，尤其剛果、蘇丹等國長期處於動亂狀態，經濟衰敝，民不聊生。二〇一一年的茉莉花革命（Jasmine Revolution），更造成北非地區突尼西亞、埃及和利比亞一帶的亂局。國際媒體認定，非洲國家的動亂，固然與族群、語言、文化的分歧相關，但最主要的導火線還屬政治人物的貪鄙腐化和無休止的權力爭鬥。

回到遠東地區，快速崛起的中國再度被視爲醒覺的睡獅，受到遠近列強的高度關注。儘管北京高層僕僕風塵，絡繹走訪世界各國以廣結善緣、敦睦邦誼，仍難擺脫當前的外患危機—東北與朝鮮爲鄰，雙邊關係跌宕起伏，充滿不確定感，南方則面臨與美、日之間釣魚台與南海礁島的主權爭議以及與越南、印尼、菲律賓諸國一觸即發的緊張局勢。此外，棘手的兩岸問題和揮之不去的疆獨呼聲也爲東方大國的光明前景蒙上陰影。

相對於狼煙蔽天的災區，台灣可算是一座倖存於夾縫中的幸福小島，遠離是非，逍遙自在。當然，居住在這片人間福地的居民在心存感恩之外，更應該思考的是，如何自求多福，讓這份安寧與祥和的生活傳續給後代子孫。

二十一世紀初期，西方學者曾預言，戰爭在未來五十年內仍將成爲人類前六大死亡原因之一。回顧過去十餘年來國際間的紛紛擾擾，預言的眞實性已露端倪。男孩亞藍孤寂而悲涼的身影又敲響了和平的警鐘，但願他所遭受的劫難能激化人性的改變，爲動盪不止的世界帶來平靜，而不是另一次無謂的犧牲！

民間組織奮力向前

無意間看到一份《二〇一四年度中國慈善捐助報告》，內文中指出，二〇一四年中國大陸共收到國內外社會捐助款項一千零四十二億兩百六十萬元人民幣，佔全年GDP（國內生產總值）的百分之零點一六，接近二〇〇八年的捐贈高峰值。惟其中以企業爲捐贈方主要來源，貢獻七百二十一億六千萬元，佔總額近七成，個人捐贈僅一百一十五億，比重略超過一成，主要集中在醫療、教育和扶貧三大領域。

近十餘年來，中國大陸以大國之姿崛起，透過高效能經濟建設創出一片市場榮景，但整體發展的豐碩成果非但未能雨露均霑，惠及弱勢群體，甚至出現嚴重的城鄉與貧富階級差距。此刻，屬於傳統價值體系裡的濟弱救貧、雪中送炭之類公益思想漸漸抬頭，固屬可喜，但從報告數據也可以看出，目前中國大陸慈善事業所面臨的最重要問題厥爲私人捐贈數量偏低，意味著較高收入者的行善意願不足，其原由無非是近年來頻頻爆發的公益醜聞迫使善心人士卻步，尤其有好幾樁冒牌網站斂財、慈善機構貪腐或善款私用案件，都曾掀起軒然大波，引燃全民怒火。

台灣地區的情況迴然有別。一九八〇年代以後，台灣因受到政治解嚴、經濟起飛、人民財富增加以及社會多元化等諸多因素的影響，民間力量迅速擴張，以致數量龐大的非營利組織（NPO），不論是社團法人還是財團法人性質的協會或基金會如雨後春筍般紛紛設立，蔚然成風，形成相當獨特的社會景象。目前台灣地區非營利組織達四萬家，參與各個組織工作的絕大部分爲義務職的志工，總人數已超過四百萬人，幾占台灣總人口的兩成。

人民團體的營運概以捐款爲主，其中公益慈善或社會福利類型的組織較能吸引民間的捐助。根據官方資料推算，二〇一三年經常捐款給慈善機構的台灣居民超過百分之四十，總金額約爲五百三十七億元，占GDP的零點三七，這項紀錄在全世界國家居第三十一位，足見台灣人是樂善好施的民族。即便如此，近年來本地公益圈子的問題也不算少，例如，各界質疑善款被不當使用的聲音時有所聞；此外，經濟景氣不佳也波及捐助收入。

其實，慈善團體運作不利的現象並不限於兩岸。自九一一事件爆發後，全美國各界捐給紅十字會的款項，也被懷疑並未完全送到受害者的手上，導致紅十字會聲譽嚴重受損。一般而言，慈善事業以往清新的形象與崇高的公信力不復再見，有心從事公益的人，除了懷有熱情，堅持理想，講求信用，還得具有專業的經營能力，才能持之以恆。

首先，非營利組織經常會面臨財源不穩、經費匱乏的困境，必須時時專注於市場的運作邏輯以求取生存；甚至得援引企業經營的理念與法則，諸如組織績效、募款策略、勞務品質、財務管理等等。其次，從公關的角度來看，NPO組織的聲譽即是生命，如何在平日維持良好的社會形象，並於危機事故發生前後予以妥善的防範與補救，將傷害降至最低，都是必修必備的SOP（標準作業流程）。再者，身爲民間團體的管理者，在熱誠與奉獻之外，也必須擁有敏銳的行銷眼光和能力，藉以和社會大衆搭建有效的溝通管道，才能擔負起傳遞愛心的使命。

無論如何，人民團體是國家進步的推手，慈善機構則是社會的良心。每年夏季，海峽兩岸數以百計的公益界人士群聚廈門，興致盎然地參與公益論壇，彼此交換心得，溝通意見，研討案例。看到這一批善心的菁英賢達，爲了促進己身所從出的家園邁入眞善美的圓滿境界而奔走，心中時深感佩。但願這股世間的浩然之氣能迎風挺立，奮力向前。

北京應大力推動宗教改革

最近大陸報刊披露佛教聖地少林寺因過度商業化而引發道德危機以及住持釋永信個人行爲不淑接受官方調查的消息，受到廣泛注目。河南嵩山少林寺建於北魏太和十九年，是漢傳佛教的禪宗祖庭，有「天下第一名刹」之譽。由於傳說中的少林功夫出神入化，寺中僧人個個武藝高強，神龍見首不見尾，江湖同道莫不以少林一派爲各大門戶之首，再經過晚近通俗小說與影視作品的傳播渲染，如今在世人的印象中，少林寺的中國功夫早已取代它靈山古刹的地位。事實上，少林寺的僧侶雖然奉行「禪武合一」，但仍以「參禪爲正道，拳勇爲末技」，畢竟習武的主要目的還是在於「收心斂性，屏慮入定」。然而，用現代市場管理學的說法，「少林」兩個字所代表的是一項具有高度商業價值的「著名品牌」，也因爲如此，它注定擺脫不了墮入紅塵、蹚進渾水的命運。

坦白說，眞正需要消弭的危機並非存在於少林寺，而是整個中國大陸的宗教界。譬如，目前大陸的寺廟均納入政府管轄，出家人有如公務員，住持方丈還有兼任「書記」黨職者，官僚味十足，完全感覺不到佛教界的超然與獨立性。更糟糕的是，寺廟既爲公家所有，卻向參拜者收取入場費，甚至連求神問卦的信徒也須按牌價繳錢，不啻將民族文化的瑰寶當成營利的工具，讓佛門寶地爲之蒙羞。

近年來兩岸交流頻繁，許多大陸佛教界人士親眼見識到台灣的寺廟不但向社會開放，還供給信徒吃齋、掛單，並辦理法會、禪修和公益慈善活動，均深有感悟。以位在高雄、曾耗費星雲大師十二年心血興建完成的佛陀紀念館來說，自二〇一一年開館迄今，已有數千萬人進館禮拜、參訪、觀展或遊憩，現爲台灣最熱門的佛教勝景，但該館不只不收門票、停車費，每天還動用五百位以上的義工爲遊客導覽服務，館內的會議、展覽與表演設施更免費提供使用，且讓民眾自由出席觀賞，其目的乃在於推廣藝文、深耕學術、倡導通識教育。

至於台灣其他宗教門派也都在傳播教義之外，擔負著賑濟弱勢，端正風氣，淨化人心的天職，成爲維持台灣社會穩定的中堅力量。聽說兩年前星雲大師與習近平晤面時曾坦誠建言，北京政府與其費勁打擊異教徒，不如大力提升宗教的地位，讓人民心中的信仰成爲社會安定的基石。觀諸近來大陸當局對宗教政策的種種變革，習主席似已虛心接納大師的嘉言。

筆者近曾往湖北一遊，發現在荊門市郊有一塊農耕沃土，名爲屈家嶺，曾因挖掘出五千三百多年前的文物而蜚聲中外。據考古專家推測，該地出土的陶、鐵器應爲新石器時期長江中上游農耕部落居民的遺物，極富歷史價値。在屈家嶺的山巓之上，還有一座具有千年以上歷史的普雲禪寺，爲中原地區最古老的廟宇之一，因與洛陽白馬寺齊名，古籍中夙有「北白馬、南普雲」之謂。荊門市政府爲了讓迭遭毀壞的古廟恢復舊觀，曾慕名來台向佛光山取經，並有意將佛陀紀念館在普雲禪寺內「複製」，以彰顯「人間佛教」的精義。

佛經中記載：觀世音菩薩發同體大悲心以普渡無邊無量的十方受衆，今人間佛教若能到海峽對岸去化度十四億衆生，將是何等殊勝之事！我以爲，以眼下大陸的工程技術，把佛陀紀念館從台灣「移植」登陸自無困難，但如何使星雲大師悲天憫人的胸懷和對佛教無私無我的奉獻精神也能在當地發揚光大，才是主其事者最嚴峻的挑戰與任務。

眷村歷史不能被遺忘

「王如玄購買軍宅」風波，在媒體上喧鬧了一個多個月，仍沒完沒了，攻守雙方似乎都只顧著爲選戰加分，並未認眞探究「眷村」兩個字背後的深意。我身爲軍人第二代，實有不能已於言者，願藉此一角吐露一點眷村人的心聲，不要讓歷史的眞相總被選戰狂潮所淹沒。

民國三十八年前後，隨政府撤台的軍隊約百萬人，初時家眷也跟著四處遷徙，其後在營區附近落戶，乃形成「眷村」。至民國九十年爲止，全台共有八百多座眷村，主要集中在台北、桃園、新竹、台中和高雄等都會區，戶數不一，大者可容納數萬人以上。從族群融合角度觀之，這批爲數可觀的新移民爲台灣社會注入大量中原文化的色彩，益增其多元化發展的動力。

早期眷村住戶清一色爲軍人和家屬，他們念茲在茲，等著政府一聲令下就要打回大陸，光復河山，卻終其一生未能如願。可嘆的是，反攻軍事計劃早在一九六〇年代即告廢止，蒙在鼓裡的眷村軍民猶自沉浸在「一年準備、兩年反攻、三年掃蕩、五年成功」的期待之中，直到冷戰結束，兩岸恢復往來之後才大夢初醒。許多少小離家的戰士，退伍後已成「老兵」，無家無業，晚景淒涼，無奈地在這齣時代悲劇裡繼續扮演著不起眼的角色。

眷村的物資匱乏，不論軍階高低，人人過著節約克難的生活，更由於軍人居無定所，與妻兒聚少離多，很難擁有一個安穩、圓滿的家。記得小時候我的父母經常搬家，以致兄弟姊妹五人分別在四個不同的地點出生，即便如此，仍有將近二十年時間我們過著「父親不在家」的日子。幼年時住得最久的是左營眷村，因其位於海軍軍區之內，生活方式可說是半軍事化的，連就讀的中、小學也是部隊所辦，老師由退伍軍人充任，普遍欠缺專業背景，就憑著一股幹勁、滿腔熱情和「土法煉鋼」的辦法治校講學，幾十年來竟也培育出不少傑出人才。半個多世紀過去了，還是忘不掉坐著軍車上學時跟著大夥兒扯開喉嚨高唱「反共！反共！反共大陸去……」的激情畫面。

近閱某報社論把眷村形容爲台灣社會的「負擔」，認定是國民黨特別爲安頓敗退來台的軍隊而建置的房舍，實爲違心之論。誰都知道，國軍雖在中原內戰失利，卻在台灣保衛戰獲得輝煌成果，維持本島六十餘年的安定與繁榮。其中，一九四九年海軍艦隊在長江突圍成功，至關重要，得以穩住三軍信心，其後的古寧頭大捷、八二三炮戰、九一八空戰等等，我軍也都浴血奮戰，擊退來犯敵軍，有效遏阻中共「解放台灣」的企圖。此後，兩岸由熱戰、冷戰而停戰，國共從不共戴天、笑泯恩仇到和平發展，終於換來海峽難得的寧靜。

可是，台灣從安定繁榮中創造出的資源與財富在重新分配之後，足以讓耕農變地主、貧民成富賈，而受惠最少的正是這批赤膽忠心、執干戈以衛社稷的三軍將士。

幸好眷村居民個個「忠黨愛國」，且嚴守紀律，慣於服膺上級指令，從不願爲個人利益而有所「抗爭」，乃成爲執政黨眼中的「乖乖牌」和選舉時的「鐵票部隊」。如今，一甲子滄海桑田的變遷，把眷村文化送入了歷史，而國民黨八年執政期間，對眷村的疏離與漠視更造成鐵票生鏽，人心潰散。新世代住進改建過的水泥叢林，一顆顆年輕跳躍的心，早已擺脫竹籬笆的迷思，體悟到必須及早融入現實社會，才能看見自己的未來。

其實，對每一位曾經待過眷村的人而言，命運中的苦澀無須怨懟，動盪困頓的歲月也已隨風而逝；唯一一個卑微的願望，就是在那串風雨飄搖的日子裡，國軍將士和他們的家屬為捍衛這片土地所寫下的血淚篇章，不能被台灣人民所遺忘。

虎年大限 引發台灣高教問題

二○一六年是猴年，卻正逢大學教育界所忌諱的「虎年大限」，它指的是部分國人不喜歡「虎寶寶」，每到虎年生育率即大幅下降，譬如一九九八那年誕生的嬰兒僅二十七點八萬人，較前一年減少五萬餘人，如今正好滿十八歲，即將進入大學，專家計本年度大一新生報考人數將減少三萬人，至少有三十所以上的大學將遭遇招不到學生的窘境！

因此，今年開春教育圈最熱門的話題莫過於那幾家大學將整併或退場的傳聞，而過去被視爲鐵飯碗的教授職位，也從此光環不再。根據教育部的資料，到二○二三年，會有四十所私立大學關閉，八至十二所國立大學合併，並造成一萬名高教老師失業。

台灣的大專教育未臻健全，在大學執教的人都心知肚明。最受訾議的，首推教育資源分配不均。位居社會中上階級的城市菁英族群，由於生活資源豐沛，家庭教育中規中矩，孩子較能獲得更多機會擠上優質中學和公立大學，而國內的公立學校因受到政府大額補助，學雜費偏低卻擁有一流的師資、設備和環境；相反地，偏鄉低收入家庭的學童往往與名校無緣，甚至只能進入二、三流私立大學就讀，臨到邁入社會之際，競爭力已輸人一籌。顯然，現有的教育制度容易造成強者益強、弱者益弱的惡性循環，令社會底層族群的子嗣難以翻身，愈發導致「上品無寒門，下品無世族」的失衡現象，也爲社會貧富差距拉大做了幫兇。

其次，是文憑主義的氾濫。受到傳統士大夫觀念的影響，傳統的家長們總是鼓勵孩子追求高等學位，並把高學歷視爲成功人生的敲門磚。在教改之初，政府爲高教鬆綁，乃廣設大學，並鼓勵私人興學，短短二十年之中，新設一百六十餘所大學，其密度在全球名列前茅。台灣遂逐漸出現高學歷、高失業的異質現象。

一九七〇年代的美國也曾面臨過類似的社會問題。當時哈佛大學經濟學者Richard Freeman 出版「過度教育的美國人」一書，指出美國大學生已供過於求，多數學校的投資報酬率遠不如其他投資方案。Freeman 主張上大學並非高中畢業生唯一選擇，立即就業或進入技術專科學校都應是年輕人的熱門選項。

台灣在世人心目中是一座象徵「小確幸」的美麗島嶼，最適合發展觀光旅遊事業，眼下正有待專業技職教育體系產出大批優秀人才，擔任餐飲、酒店和景點經營與管理，如烹飪、導遊、接待以及行銷設計等工作，由於技術學校重實務、輕理論，學生甫出校門即可學以致用，回饋桑梓，貢獻社會；再以當前最熱門的影視傳播和新媒體事業爲例，除少數職位需要高學歷人才之外，一般如演、播、製、導，以及音樂、美工、創意、傳輸、資訊科技、視聽設計等類別的職位都屬技術操作層次，學生們在校時可透過建教合作計畫及早進入職場實習，畢業後無須職前訓練即能直接上線。職司技術教育的主管單位則應針對當前社會潮流與產業需求，責成各校自行發展特色，孕育出不同風格的人才，以保障年輕人的工作權，緩解目前社會的失業問題。

二〇一〇年的「虎寶寶」已銳減至十六點七萬人，可想而知，當下一個「虎年大限」——二〇二八年來臨的時候，台灣的大學殿堂更將面對少子化時代市場緊縮的殘酷現實。或許，此刻正是讓朝野各界重新檢討高等教育的意義和價值的大好時機。

給柯市長兩個小建議

年前從上海返台，扎扎實實過了兩個月的「小確幸」生活。由於台北住處附近的紅磚道很適合散步，每天早上出門慢走一小時成了習慣，不但有益健康，也在大街小巷裡，享受到貼近台灣社會的親切感。另外，爲了充分利用剛到手的敬老悠遊卡，不時搭乘四通八達的捷運和公車各處遊覽，趁機關心一下平日足跡鮮至的角落。

沐浴在濃郁的鄉情裡誠然令人愉悅，但隨著日復一日的台北行腳，也讓我深刻感受到中華民國首都的醜陋與雜亂的一面。如果國際間有市容評比的話，我相信台北市一定敬陪末座。從任何一處高地俯瞰市區，都會發覺市內的建築物欠缺整體規劃，大大小小座落其間宛如犬牙交錯，每一棟的高低、方位、色彩與風格設計大異其趣，完全沒有和諧的美感。記得一九八〇年代我在洛杉磯籌辦《美洲中國時報》建廠事宜，經選定的廠址位於東區的聖蓋博市，該市曾爲墨西哥人聚居之處，當地政府爲了保持小鎭的原始風貌，規定所有新建築物採取數種特定的色彩，門窗也須通用拱門形式的設計，以形塑城鎭的一致性風貌。當地居民非但不覺得自由權受限，反而認同政府傳承地區文化的美意，尤其，如此精心營造的獨特景觀，也連帶驅動了旅遊業的商機和刺激房地產的升値。

如果說台北市的整體容貌不堪非一日之寒，短期內無法通盤改善，那麼，隨處可見的違章建築強占公共空間、各式各樣的攤販據地爲王、商店把桌椅貨品陳列在騎樓走道、修車洗車工人大喇喇地在人行道上日夜趕工，所共同累積而成的「髒」與「亂」，總是可以透過強力取締而立竿見影。至於身爲市民的我們，更不該爲了貪圖便利，而犧牲自己的生活品質與台北市的國際形象！

在交通方面，過去計程車被指爲「都市交通之瘤」，不過，歷經一兩個世代之後，台灣的汽車文明已漸趨成熟，多數駕駛人都能保持行車秩序與禮儀。目前亟待改善的應該是滿街穿梭不斷的摩托車。根據統計，全台機車總數超過一千五百萬輛，平均每一百人擁有六十七輛機車，每平方公里就有四百二十輛，密度高居世界第一。顯然，機車的使用早已成爲台灣人日常生活的一部分。

機車之所以廣受國人喜愛，不外乎其具有輕巧、快捷、方便、經濟、好停車等優點，但每每看到摩托騎士無視於車水馬龍的交通狀況，快速蛇行其間的險狀，總爲他們捏把冷汗；還有些居心不良的駕駛人故意拔掉消音器，放肆地伴著高分貝噪音飛馳而過，悍然不顧擾人清靜，更漠視旁人的咒罵連連。這些亂象俱非現代文明社會所應有，即便在今日大陸的城市裡也不多見。台北市是首善之區，也是台灣的櫥窗，縱然不能剝奪民眾騎乘機車的權利，但不妨嚴格限速，全面規定機車需在一定時速下行駛，既可保障行車安全，也能減緩噪音汙染。此外，若限制市區內只容許較安靜、低速的輕型電動機車駛入，也不失爲一個好主意。

歷任台北市長無不設法爭取大型國際性活動的主辦權，像是花博會、聽障奧運等，爲的是要提高台北市的「能見度」，結果花了大錢卻成效有限，且民眾無感。我以爲，與其勞民傷財高調舉辦嘉年華，不如將有限的人力、物力資源投注在整頓市容和改善交通上，更能抓住市民的心。最近美化街頭招牌的話題頗受關注，正反映出城市族群對居住環境惡質化的覺醒。

柯文哲市長上任後對台北市政提出不少創意，過年期間也看到他不辭勞累，親自執行忠孝橋拆除工程，日前還與社子居民協商重建計劃，可算是一位篤實踐履的父母官。但是，除了類此針對性、一次性的作爲之外，我們更期待柯市長就長久性、不合時宜的舊制與積習施以大刀闊斧的變革，爲台北市改頭換面，給市民煥然一新的感受，也讓我們的首都在國際上昂揚挺立，贏得掌聲！

行善者樂 多願者苦

最近幾年來，台灣發生多起豪門子弟爲爭搶先人遺產而致兄弟鬩牆，甚至骨肉相殘的鬧劇。前陣子，航運巨擘長榮集團二代傳人爭產、爭權的內鬥新聞，更搶佔了不少媒體版面，至今斷斷續續，仍未終息。連篇累牘的揭祕式報導或許滿足了不少好事者的偷窺慾，但張氏家族手足之間毫不容情的你攘我奪，相信讓更多的閱聽人爲現代社會中物質誘惑和親情道義的對立變得如此尖銳而搖頭嘆息，深感惶惑，甚至連原本平靜心情都會受到影響。

所幸人世間還有夠多的好人好事足以「療癒」。幾天前在報上讀到一則振奮人心的消息：新竹有一位九十幾歲的退伍軍人胡爺爺，自一九四九年隻身隨軍來台超過一甲子，他從軍中退休後無依無靠，生活清淡，一直當工友維生；難以置信的是，胡老先生從二〇一〇年開始陸續捐出畢生積蓄以濟助榮民遺孤，五年來已超過六百萬元！據說這筆巨款創下歷年來「愛心老兵」公益捐獻的最高紀錄。今年元月間，老人家長辭人寰，許多受過恩澤的孩子們聞風而至，含淚匍匐於靈前，執晚輩之禮為胡爺爺送別，場面溫馨感人自不在話下。就在同一時間，苗栗也傳出另有一位九十四歲孔姓獨居老榮民，把平日省吃儉用存下的一百五十萬元悉數捐給貧寒的榮眷家庭做救助金及子女獎助學金。台灣的媒體在閱聽率掛帥之下素來爭逐聳動煽情，類此「小人物發揮大愛心」的故事情節，通常只能在主流報章或新聞頻道的夾縫中露出，不過兩位老人家的懿行善舉依然得到社會有心人士的熱烈響應，令人頗感欣慰。

近幾年，新媒體益愈風行，網路平台上不時流傳一些遭遇不幸事故而亟待救援者的PO文，也都能激起同情，引來援手。本來，金錢的價值因人而異，有人視它爲身外之物，可作爲造福利他、散播愛心的工具，有人則單純用之爲人生賽局的籌碼，或一己幸福快樂的泉源。不過，從前述眞實的例子看來，財富的意義似乎還依社會階層高低或生活環境優劣而有不同，在台灣，貧而好禮與爲富不仁的群族往往形成鮮明對比。《漢書》有云：「不患位之不尊，而患德之不崇」，値得今人深切省思。

大陸媒體稱許台灣最美的風景是「人」，指的當然是本地人民質樸淳厚、溫文有禮的素養，以及發善心、做好事的行止。根據行政院主計處的資料顯示，我國二〇一五年國民幸福指數爲六點七六分，在OECD（經濟合作暨發展組織）三十七個會員國及夥伴國中居第十八位。整體評鑑排名雖然未列前茅，惟其中有一項獲得高分的幸福來源——「社會聯繫」則相當引人矚目。報告指出，台灣十五歲以上人口中參與志工服務者佔百分之三點六八，約七十餘萬人，這一大群熱心公益的模範公民平均每人每日從事志工服務超過兩小時，若以總人數來計算，我國的志工服務平均值也在每日五分鐘以上。所謂「天助自助者」，我以爲，這一股沛然莫之能禦的社會支持力量，正是台灣每陷於危疑震盪的時局中依然閃亮屹立的最大理由。

古之聖賢戒貪欲，蓋「欲而不得則不能無忿，忿而無度量則爭，爭則亂」，又說：「樂莫樂於行善，苦莫苦於多願」，這幾句箴言衡諸於現世，亦可謂恰如其分了。

台灣不能成爲詐騙王國

台灣跨境電信犯罪集團行「騙」天下，惡名遠揚，最近接連在亞、非各地被破獲，讓全體國人顏面掃地。沒想到，有關嫌犯的司法管轄權誰屬的問題卻觸動了政客的敏感神經，趁機大肆指責政府並攻擊對岸，更加造成國內外媒體熱議，不啻於對著國家形象的傷口再灑上一大把鹽。

除了國家形象之外，詐欺集團猖獗所造成的國內社會問題也比「司法管轄權」更値得朝野人士關注。立委束帶立於朝，總是以意識形態掛帥，不計是非，只分敵我，不求公理，只顧立場，不問民瘼，只重選票，如何擔得起選民託付的重任？

說起電話詐騙，長居台灣的人幾乎都有過經驗，最近矛頭才轉往對岸更大的「新興市場」。以下是一段眞實的詐騙情節，就發生在我的親人身上。二〇一二年某日，受害人在上海家中突然接到一通聲稱來自大陸某省公安廳的來電，告以其「銀行帳戶被不肖行員用爲洗錢通路，以致受到牽連，警方不日將登門拘提」云云，接著在懸疑的氣氛裡，該名「公安人員」開始放輕聲調，婉言勸慰：「根據我初步調查了解，你才從台灣來此，相信應是無辜受累，爲了要幫你洗刷冤屈，請立刻匯款人民幣五萬元至指定公家帳戶以資驗明與洗錢案無涉」。有趣的是，雙方在溝通過程中，滿頭霧水的「涉案人」曾就心中疑點提出質問，但話筒中卻傳來一位「檢察官」高亢的聲音，他嚴斥警員「不得與嫌犯私自談話」，並下令立刻切斷通話。這一段宛如廣播劇的逼眞演出，使得整個案情顯得益發撲朔迷離。更神奇的是，當事人在心生恐懼之下，乃向當地查號臺查詢某省公安廳電話號碼，打過去後居然接電話的正是該名員警！霎時間，他頭腦頓失清明，完全聽命於對方指示趕往銀行匯款，直至事後在衆親友點醒下始知受騙，連忙去報案。據說，派出所的公安一邊抄寫筆錄，一邊還調侃地說：「詐騙你們的都是你們自己台灣人哪！」

由於該日匯款機當機，款項只匯出了半數，次日歹徒竟來電要求續匯餘款，當獲悉犯行已被識破時，還惱羞成怒地大聲指責受害人：「誰叫你們不愛台灣，跑來大陸住」。我可憐的親人，既受驚、傷神、被騙、破財還要挨罵，情緒變得極爲沮喪，久久未能平復。

電信詐騙案件之所以值得重視，因其爲智慧型犯罪。主謀者具有專業背景，懂得架設網站、竊取個資、設計劇情，編造話術，他們深諳一般人避凶趨吉、自我保護的心理，乃運用說服技巧一步一步地請君入甕，遂能横行無阻，無往不利。其次，電信詐騙係典型組織性犯罪，由幾百、幾千人所共同參與，組織內分工精細，各司其責，所以成功率高。他們利用電話、電腦和網絡詐取錢財，雖然與黑道份子舞槍弄刀的犯罪手法不一，所造成的損失同樣可觀。據了解，光是在中國大陸每年被詐騙的金額即高達新台幣五百億元！

此外，台灣常見的地下經濟活動如老鼠會、高利貸或非法投資公司等，也不時爆出詐欺案件，但受害的民衆本身好貪小便宜和投機取巧的心態難辭其咎；惟電信詐騙集團則是隨機選擇對象，並施用威嚇拐騙的詐術讓人信以為眞而就範，無知的受害者根本沒做一丁點兒錯事，卻蒙受損失，猶如禍從天降。因被騙的人多為平民百姓，甚至弱勢與低收入人口，過去兩岸都曾傳出詐騙案苦主走上絕路的慘事。

數百年前，台灣曾經被葡萄牙人譽爲「美麗之島」而名傳萬里之外；近世紀來，則先後以「反共堡壘」、「經濟奇蹟」、「民主櫥窗」、「友善之島」等亮麗形象廣受世人好評。此刻，國人亟需面對的是如何防止「詐騙王國」或「騙子的天堂」成爲台灣的新稱號。

PART 3

第三篇

媒體與文化

Media and Culture

傳播科技一日千里所創造的最大成就，應是它填補了人類社會的階級落差，把世界變得更扁平，讓千百年來平民百姓當家做主的夢想得以成真。此外，新媒體的一波波技術突破，不但撤除了媒體與媒體、傳送者與接收者之間的藩籬，更成功穿越過國家與國家、社區與社區、產業與產業之間的界線，一步步地開始把大千世界縮成一個眾生平等的「地球村」。

媒體的勝利

二〇一四年的九合一選舉終於結束了，執政黨的選情在事前就不被看好，不過一夕之間潰不成軍，連不該輸的場子也輸，該大勝的局面也僅能險中小勝，卻出人意表，連日來引起議論紛紛。除了若干地區因呈現「權貴」與「庶民」對決態勢，當下社會氛圍中產生不利影響外，一般認爲其他的敗因還包括：國民黨內部不合、領導無方、舊勢力掣肘、老官僚可厭，以及「首投族」和網路世代積極參與政治、社會大衆普遍不滿現狀並渴望公平正義得以伸張等等。

看起來台灣人從政治迷茫中驀然覺醒了，而這股促成公民自覺的力量又從何而來呢？筆者以爲，傳播媒體扮演了極爲重要的角色。近半年來，廣播、電視、報紙、雜誌、網路上成篇累牘、日以繼夜的選舉新聞與報導搶占了全體國民的注意力，不但傳送資訊、探求眞相，更引導民意、蔚成風潮，以致造成選舉結果大幅向「公平」、「正義」、「篤實」、「草根」、「革新」、「改變」的價值座標傾斜。

對於年輕選民來說，新媒體幾乎擁有百分百的「滲透率」，且由於其具備全面性、跨越時空、感染力強等高效傳播特色以及讓小市民也能加入互動和對話的空間，往往比傳統媒體的批判力道更爲強大。

不過，面臨沉重競爭壓力的傳統媒體在本屆選舉中也發揮巨大能量，其中居功厥偉的首推各家電視台的新聞及政論節目。一個個賣力演出的「名嘴」們儘管曾經頗受訾議，但在漫長的競選期間，她（他）們認眞蒐證，大聲建言，勇於批判，可謂爲民喉舌，不遺餘力；尤其名嘴們常各持立場在節目中針鋒相對，乃能從政治汙泥、選情黑洞中拼湊片斷資訊以還原事實眞相，縱或偶有捕風捉影之處，但能讓廣大選民在投票前看穿政治人物的廬山眞面目，就算善莫大焉。

記得十餘年前，台灣媒體全面開放未久，一群傳媒機構負責人在一場同業協調會中濟濟一堂，會中論及政府對電視之某些管制措施時，某位同業脫口發出一句豪語：「政府又如何？未來我們國家的總統人選都將由今天在場的人來決定」。當時台北市主管官署新聞處金溥聰處長適巧在座，據說會後頗表不滿，認爲媒體業者太過倨傲。的確，以當年台灣的政治環境來說，大衆傳媒尚「不成氣候」，但時至今日，又當別論了。這次選舉，台灣的媒體也應當算是勝利的一方。

筆者相信，不論媒體影響力變得有多大，它都不會成爲「總統人選的決定者」；但是，它絕對有權利也有責任，讓全民看清楚總統或任何一位政治人物的眞面目，以及他（她）是否値得百姓的信賴與支持。

新聞與廣告的界線

九合一選戰末期，某候選人曾被指控企圖以「業配」方式影響媒體作有利於己方的報導，引起不小風波，不過，多數選民恐怕未解其義，有必要在此作一個註腳。所謂「業配」，乃業務配合之謂也。由於大眾傳播媒體囿於法令或自律，而不被允許在廣告版面（時段）以外從事政治宣傳或商品行銷，只好透過間接、迂迴的方式「置入」各類非廣告版面（節目）中。而媒體大費周章置入文宣的目的，多半是爲了回饋常態性的業務廣告主，故兩類廣告可彼此呼應、互爲表裡，以強化其效果，業界習稱爲「業配」，實則爲一種遊走在法令邊緣的「衍生性」增值產品。

這種將宣傳品巧妙地融入媒體內容的手法，並非從今日始，在上世紀初期好萊塢影視作品中就屢見不鮮。早年看過奧黛莉赫本主演的《羅馬假期》的觀衆，應該對片中頻頻出現的古城觀光景點印象深刻；還記得《愛之船》那齣膾炙人口的電視影集嗎？據說在那艘豪華郵輪上種種引人遐想的羅曼蒂克情節，曾經掀起了全球郵輪渡假的狂潮，至今仍然被上流社會人士視爲愛情之旅的最佳選擇；近半世紀以來，英國情報員〇〇七系列電影席捲全球，當然也少不了商業性置入，舉凡詹姆士龐德配戴的腕錶、穿戴的衣物、駕駛的跑車都在影片上檔以後很快變成全球影迷風靡的焦點，也相應提升了商品的知名度和銷售量。

這股風潮漸漸吹到亞洲。今天，不論兩岸、日韓的影視戲劇中都可以看到置入性行銷的蹤跡，例如男女主角的約會地點經常誘使年輕人趨之若鶩；劇情中的道具，乃至飲食、衣著可能一夕間掀起品牌大賣。最近，中國大陸的電視綜藝節目圈，也浮現出濃厚的商業氣息，譬如高收視歌唱節目《中國好聲音》的場景中，就出現碩大的贊助商招牌，成爲除了參賽者、評審人之外，全場能見度最高的視覺目標。看起來，影視媒體越發達，置入行銷的風氣就甚囂塵上。

在新聞學的義理裡，媒體載送的內容主要包括：資訊、娛樂和文化，廣告之爲用則係支撐媒體經營並藉以推介商品。兩者雖有共存共榮的關係，但中間卻隔著一條清楚的界線，不容混淆。如今，在媒體經營者求取利益的強烈企圖下，兩者間的界線已漸形模糊。

已故美國電視名主播華特．克朗凱（Walter Cronkite）縱橫廣電媒體四十餘年，每當晚間新聞播報完畢，在向觀衆道晚安之前，他總來上一句："And, that's the way it is"，意思在說，以上由他所播報的新聞完全是事情發生的原貌，並無任何摻假或扭曲。克朗凱的信誓旦旦正是他對大衆的承諾，也是他身爲新聞工作者的自我期許，難怪他的誠信形象備受美國大衆肯定，被譽爲「最可信賴的美國人」，甚至數度被民調評定爲「最適合擔任總統的人選」。

或許傳播科技造成的媒體解放與資訊氾濫終將衝垮「拒絕商業化」與「政治力退出」的警示板，但我們起碼應當堅持的是，如何全力維護新聞報導這片園地的純正與眞實，在政、商利益之外，爲公共領域留下最後一塊淨土！

看「婉君」的身影

回顧二〇一四這一年，最影響台灣社會的大事，莫過於「柯P旋風」和「婉君崛起」，而前者之所以狂飆不止亦有賴於後者的推波助瀾。「婉君」，係網路論壇上對「網軍」一辭的諧音，或稱網民、網友，泛指在新媒體平台上傳播或接收資訊的網路使用者。這些網路上的傳播者自由地發表個人的看法並聲援立場相同的言論，促成更多討論，逐漸匯聚成某種立場而成爲宏大的社會輿論。可以預見的未來，新媒體的發展以及其所帶來的內容、應用和服務仍將持續侵蝕傳統媒體的既有領域，並在雙方長期競爭過程中，可能會出現相互融合、共存和各自演化、轉型的局面，也就是學者們習稱的「媒體匯流」(media convergence)。

舉例而言，常收看電視新聞的觀眾們可能早已發現，越來越多的新聞內容都是擷自網站或由網友發佈在社交網站上的公開訊息，甚至有人戲稱現在的電視新聞簡直就是行車紀錄器、路邊監視器和網路瀏覽器所合成的「三器新聞」！從這裡可以看出電視記者便宜行事的態度和新聞工作本質上轉變的軌跡——先是在媒體開放的激烈競爭下墜入羶色腥路線以刺激收視來維生，接著遭受網路媒體的步步相逼，不得不用子之矛攻子之盾，大量採用網路上的資訊做為新聞製作的材料。這是老媒體業者最簡易的求生之道，一方面擴大報導的面向以化解部分競爭壓力，一方面可以大大降低經營成本，何樂而不為？

網路文化的興起是傳播科技的空前突破，它為全世界人類帶來資訊流通的利便，對大眾傳播事業的影響尤大，從此拆除了主從的藩籬，模糊了授受的關係，拉近了時空的距離，讓每一位升斗小民都擁有接近網路媒體的自由和利用它傳佈個人意見的權利：唯一可慮之處輒爲多數網路內容的眞實性難以查察，蓋傳統媒體的工作人員藉資訊匯流之勢，大量從網路上取用素材，倘能謹守客觀立場，善盡考證責任，以力求其來源之眞實尙屬無虞。反之，若直接把網路內容竊爲己用，不但不予認眞查證，還妄自加油添醋一番便轉播而出，更將誤導視聽，造成社會混亂。

網路力量的興起，固然使人民體會到當家做主的喜悅，但也爲紛擾多變的媒體環境蒙上一層陰影。整整一年來，我們看到網路世界波濤洶湧，新媒體勢頭銳不可當，千千萬萬個縱橫其間的英雄好漢卻被冠上一個如此溫柔婉約、風姿綽約的渾號，會不會顯得名實不符？

央視英語新聞力爭國際話語權

一九七〇年代，第三世界國家群起抗議西方工業國家的資訊傾銷，控之以「媒介帝國主義」，聯合國遂組成「國際傳播委員會」介入調查，隨後發布「馬克布萊德報告」，倡導國際間應樹立更爲公平、均衡的傳播新秩序，改善由少數主流通訊社壟斷全球資訊的局面。

將近四十個年頭過去了，縱使傳播科技的突飛猛進把大地球縮成了小村落（global village），但基於各國政經實力的消長變化不大，地球村裡的話語權仍然掌控在極少數中心國家的手中，反倒是訊息傳播的速度更快、管道更多、內容更豐富多元也更引人入勝了。可以想見的，在全球化時代的資訊洪流中，當今新興國家莫不試圖藉著新媒體的勢頭與管制鬆綁的風潮，繼續爭取在國際論壇上的發言權。尤其拉非亞洲若干相對文化弱勢的國家更深切體認到，欲提升本國地位及擴大全球能見度，非得增加國際傳播的能量不可。

近年來，中國大陸以世界新霸主之姿，頭角崢嶸，傲視群雄，當然不甘於在國際間長保緘默。北京政府除了強化多種官方的外交手段之外，另一項值得注意的措施，輒爲提升電視英語頻道的質量，並循商業模式行銷全球；先是在二〇一〇年把中央電視台國際頻道更名爲英語新聞頻道（CCTV—News），並改以符合國際規格的全新面貌出現，每天播出二十四小時，透過六顆衛星傳送訊號給全球一百四十七個國家的一億餘名用戶。北京的用意，是希望央視英語頻道有朝一日能與英國廣播公司（BBC）和有線電視新聞網（CNN）比肩而行，足以讓中國人民的立場、華夏文化的丰采和亞洲民族的視野透過國際化的表達方式傳播給全世界人民，堪稱其志可嘉。經過幾年的歷練期，CCTV—News已燦然大備，信息來自全球各地，無所不包，而新聞主播及各地特派員多由各國專業人士擔任，在外觀包裝上神似CNN，場景氣勢則猶有過之；唯一不同的，當然是所有深入分析、專訪及評論都充分表現出「中國人的觀點」。

另外，上海文廣集團於二〇〇八年一月也成立了一個全天候播出的自製外語頻道，首播時長七點五小時，以英語爲主，中、日語爲輔。二〇一一年英國皇室婚禮，該頻道進行長達七小時的實況轉播，曾經喧騰一時，蔚爲業界話題。上海的國際頻道或許不如央視在全球市場的高滲透率，但由於其節目內容較具當地人文色彩，對居住在大陸的外國人口而言，不啻提供了一份豐美的精神食糧，也爲有志學習外語的中國學生開啓了一間活學活用的語文教室。

回頭看看台灣，國際新聞在各媒體所佔比重原本就有限，純外語內容的媒體更只剩寥寥數家銷路不大的英文日報，和難能可貴的民視、公視「英語新聞」，惜份量不多，餘皆爲來自境外的跨國媒體。可以想見，兩千三百萬台灣人的聲音和面貌在國際社會裡的「閱聽率」少之又少，甚至是乏人聞問的，從而大大減弱我們的全球影響力。

相信任何一位主管官員、傳播學人或媒體業者都能輕易舉出數個，甚至數十個原因來合理化台灣英語傳播內容匱乏的現象；然而，在強權對峙中處境侷促的中華民國，若想維持起碼的國際地位，及時佈建有效的對外宣傳機制和加速大衆傳媒的國際化實屬必要之手段，也許仿效英國ＢＢＣ、日本放送協會（ＮＨＫ），由國家的公共電視扛起此一重任，不失爲解決之道，還可兼收一舉兩得之效。

關乎未來兩岸關係發展的因素，固然經緯萬端，莫衷一是，不過雙方各自的實力以及在世人眼中的觀瞻與形象仍占有重要地位。面對今日大陸與日俱增的「硬實力」建設，台灣已備感窘迫，一旦連「軟實力」項目也紛紛落於其後，未來咱們靠甚麼和人家平起平坐談「對等」呢？

《穹頂之下》爲言論自由開啓一扇窗

前大陸中央電視台女記者柴靜二〇一五年三月初以《穹頂之下》爲題，在網路上發表一篇「霧霾調查」，兩天之內該視頻總播放次數超過二億。柴靜以爲人母的心情出發，揭發北京各地嚴重的空污問題，觸動民眾心弦，引起兩會關注，成爲開春以來最受熱議的話題。

這部紀錄片凸顯當前中國積極追求經濟成長和開發建設所帶來的環境汙染問題。根據媒體報導，二〇〇〇年中國國內生產總值爲一點二兆美元，到了二〇一四年已攀升到十點三兆美元。大陸民眾的物質豐沛了，人均提高了，生活優化了，付出的代價卻是賠上原本藍天白雲、青山綠水的美好生存環境。

作者指陳大陸霾害的罪魁禍首就是國有油企的低標準與政府監管機制的失能，已嚴重危害全民健康。大陸官方態度反覆，起先幾天各大媒體還公開報導，數日後即全面停播，包括《人民網》和《新華網》等官方網站也撤下視頻並刪除多數文章，近來網路上更出現種種對柴靜不利的說法，諸如「入外國籍」、「赴美產子」以及「獲得美國福特基金會贊助發表霾害報告」等等。不過，任何打壓手段都已無法搖撼《穹頂之下》為後續環保運動埋下種子的事實。

其實別說大陸人民，連經常往來兩岸的台客也對北京、上海等大都會裡鎮日灰雲蔽日、塵土飛揚的景象深感不安，故而柴靜的報告瞬間爆紅全不令人意外，北京政府更不必視之為「別有居心的破壞行為」。我認為大陸的宣傳部門應體認以下事實：一、環境汙染是全體地球生物共同面臨的威脅，絕非大陸地區所獨有，既不是「國恥」，也無須列爲禁忌的議題。日前台灣公衛學者在座談會中指出，台灣各城市的PM 2.5（細懸浮微粒）濃度都超過世衛標準十微克，如台北市十五微克，高雄三十，雲林四十五，空氣劣質程度早已淪爲亞洲四小龍之首。大陸某些工業城市固然汙染情況比台灣高出甚多，兩地也不過五十與百步之比。

二、近代媒體威力強大，無論公私部門爲求對本身有利的報導，難免祭出軟硬兼施的手段，在先進國家亦然。二〇一五年度新聞自由排行榜上，英國掉至三十四名，美國四十九，台灣五十一，主要原因就是媒體被外力左右。然而，以公權力企圖阻礙或封殺媒體的報導內容，則難容於現代民主政治最底限的道德標準，類此作法，除了再度提供反華國家一項抨擊的口實外，並無實質益處。

三、記得前幾年中央台曾經製作系列專題節目，專門針對地方行政部門若干擾民措施加以撻伐，很受歡迎，被認爲是大陸言論漸開的徵候。値得注意的是，在專題播出後，老百姓察覺到中央立即對地方政府提出糾正或勒令改善。看起來央視的報導簡直是在替北京政府的革新計劃「做球」。果眞如此，那可是中宣部的高招了，一方面藉媒體輿論的力量來啓動革新，一方面也展現中國政府察納雅言的胸襟，有助於洗脫「壟斷媒體」、「箝制言論」之類的惡名，一舉兩得。由此，中央見到柴靜揭竿而起，正可順勢而爲，把大刀闊斧揮向幾個首要汙染源，藉以爭回民心，反正整治環境原本就在政府施政範圍之內，更何況背後還站著個有心求治又剛正不阿的總書記會全力相挺呢！

我希望《穹頂之下》不僅點燃了大陸民衆的環保意識，也能爲民間言論自由廣場開啓一扇窗。

前進上海

近期由上海社科院所發佈的調查顯示，上海市民平均居住面積爲二十四點一六平方米（約七坪），比台北市民居住面積九點六四坪更小，也更像「鴿子籠」。上海都會區的總面積爲六千三百四十平方公里，不到台灣的五分之一，卻擁有同樣多的人口，焉能不擠？

除了生活空間侷促之外，交通壅塞、空汙嚴重與物價昂貴也是全體上海人的夢魘。可是，儘管「上海居大不易」，總人口依然逐年增加。一個兩百多年前的江邊小鎮，卻在星移斗轉、滄海桑田的變幻下蛻變爲擁有二千四百多萬常住人口的超級大都市，而近卅年來長三角一帶經貿、金融、紡織、航運等行業的繁榮興盛，更進一步把上海孕育成西太平洋濱的國際重鎮、舉世無雙的東方明珠！有人說，做爲一名現代公民，你可以沒去過倫敦、雪梨、莫斯科或舊金山，卻不能沒去過上海！那麼，上海的迷人之處究竟何在呢？

說起上海的發跡史，實係拜「南京條約」之賜。一八四二年清廷以戰敗國身分向英國屈服，開放五口通商，上海憑其優越的地理條件迅速崛起，成爲工商業發展中心。這種內連南北各省、外接美亞諸國的利便，也造就出絕佳的教育與就業環境以及多元化的社會面貌，使上海屢屢在列強割據、戰火肆虐、文革浩劫後，都能重返「十里洋場」的榮景。現今的上海璀璨亮麗、光耀奪目，來自海內外的企業主、投資客、冒險家、創業者和各界菁英競相投入她的懷抱。定居於此地的台灣商人、學生和家屬將近六十餘萬人，每年探親與旅遊者達數百萬人次。

記得在一九八八年開放大陸行不久，筆者首度來到上海，觸目所及仍是一片破敗與落後，間雜著些許昔日繁華塵囂的餘韻。走進食堂、友誼商店或古蹟景點，幾乎都得遭受「晚娘面孔」的對待；打開旅館房間的電視機，歌手們穿著軍服高亢地唱著「東方出了個毛澤東」；有一次乘出租車趕搭飛機，駕駛員竟然一路狂按喇叭一面蛇行飆車直闖機場。那時候，同事們都把大陸地區視爲出差的「危地」。

風水輪流轉似乎用不到三十年！千禧年剛過，筆者再度來滬，外灘一帶已見風華，霓虹閃爍之下，鮮衣怒馬，遊人如鯽。陪同我們參訪的老同志大聲地講解：「黃浦江把上海一分爲二，右邊是浦東新區，左邊是城西老區，兩邊隔江互望都一樣壯觀」，躊躇滿志之餘，他還補上一句：「不過，西邊從前是洋人的租界，所以算是舊中國遺留下來的傷疤，浦東的偉大建設才是新中國的榮耀」。

一般上海人頗引爲自豪的「海派文化」是由傳統的吳越文化與來自歐美的西洋文化融合而成。近年來，上海徹底擺脫掉文革遺毒，才重新展露出「海派」的樣貌。如今漫步上海街頭，處處可見現代和歷史對話的軌跡。像是靜安區歐式老洋房與現代摩天大廈交相輝映，徐家匯教堂傳來的唱詩聲和玉佛寺的裊裊香煙都引來路人駐足觀望；此外，大小劇場熱演中的滬劇、崑曲、雜耍、交響樂與芭蕾舞，一百二十多座博物館內陳列的東西方文物，加上老飯店的本幫佳餚、杏花樓的廣式燒烤、紅房子的法國大菜和古北的台灣小吃以及老街的茶館、衡山路的酒吧等等，都是中外匯萃，新舊並陳。這些形形色色、林林總總的生活元素共同建構成今日上海人的悠遊歲月。

上海市民平均年收入只有八千美元，遠不如台灣，距先進社會更有數倍之遙，可是樂天知命的上海人平均壽命爲八十二點二七歲，高於台灣人，更高於美國人，甚至在全世界名列前茅。人人都知道，財富並不等於快樂，看起來，財富也未必使人活得更長久。

生命何價中外有別

二〇一五年六月二十七日新北市八仙樂園粉塵暴意外發生以來，台灣媒體報導長篇累牘、鉅細無遺，至今猶未止息，足見大眾論壇監督社會的功能已趨成熟，也顯示台灣民眾對生命尊嚴的無上崇敬。回頭看看五月初驚爆的長江船難，由於造成四百四十二人溺水死亡，一時之間官方震驚，輿論譁然，人心惶惶，可是才過一個多月，此一公安慘劇似乎完全從人們腦海中淡出，也未聞當地媒體對政府調查工作的進程、失職官員的懲處乃至於內河航運安全的改善措施做後續的追蹤報導。至於國際媒體方面，更早已把它拋諸雲端之外了。難道，中國大陸的人命眞的如此廉價？

自古以來，中國歷史的進程渾如一座殺戮戰場。改朝換代也好，內亂外患也罷，其結局總不外兵連禍結，炮毀槍傷帶來無數人頭落地，還要加上頻繁的澇旱、震災、饑荒、蟲害、疫病在這片土地上所造成的創傷和苦難。身為炎黃子孫，我們固然長懷戚戚，但在西方人的刻板印象裡，咱們黃種人的生命確實比較「不值錢」。這次長江船難發生後，CNN和BBC新聞報導的質、量，以及即時性、深入性，與過往對歐美國家發生重大災難的處理方式相較，明顯冷熱有別，形成強烈對比。有人把原因歸咎為大陸官方「封鎖消息」，若以現下北京的新聞政策與傳播環境來判斷，顯非實情。

西方媒體不只對中國「另眼相看」，類似的差別待遇也加諸在其它經濟發展相對落後的社會之上。一九七八年我在美國洛杉磯工作，該年九月二十五日一架PSA（太平洋西南航空）客機在聖地牙哥上空與小飛機相撞墜毀，共有一百四十四人罹難，是為其時美國國內航空史上最大空難。意外發生後，當地報刊大幅報導，傾全力跟蹤失事原因並探討美國境內飛航安全問題，相關版面無日無之，且圖文並俱，延續近一月之久。在此期間，另有一則新聞，是有關美國衆議員提案譴責柬埔寨赤色政權屠戮無辜平民的暴行。《洛杉磯時報》的編輯居然只用寥寥幾十個字報導此事，毫不起眼地把它塞在報頁一角，狠著心讓這樁涉及三百多萬人命的血腥大案就這麼無聲無嗅地隨風而逝。

多年往事一直縈繞腦際，無法釋懷。最近又讀到一篇關於中國政府在抗戰勝利後對日本「以德報怨」的解密文件，才發現當時在列強主導之下，所有戰勝國都獲得軍費賠償，唯有最受戰爭之苦的中國，卻屈從於美國的戰略考量，被迫簽下「自願放棄賠償」的協議，徒令千萬名抗日忠魂就此申冤無處！大半個世紀以來，標榜公平正義的西方媒體對此等世間不公不義之事同樣視若無睹，鮮少有聞問者。

過去十多年裡，大陸當局試圖向國際社會展示東方大國的嶄新面貌。二〇〇四年中央電視台推出「長城平台」，開始透過直播衛星將二十二套中國電視節目傳送至美加、澳紐、歐亞及拉丁美洲諸國落地播出，目前全球覆蓋用戶約三千餘萬；二〇一〇年中央台更把國際頻道改名爲英語新聞頻道，並全面「變裝」以符合國際規格，如今已成功進入一百四十七個國家的一億餘名用戶家中。國際宣傳部門費盡心思，砸下巨資，全力施爲，其目的不外乎「讓中國走進世界，讓世界看到中國」。

我相信全世界都已看到了中國，只不過有些人透過有色的鏡片來觀察，有些人仍然懷著偏狹的心態，總是對非我族類投以冷漠的眼神。長期以來，國際強勢媒體慣以西方價值標準論人評事，對第三世界國家的報導經常悖離事實，被譏爲「媒體帝國主義者」。直到今日，這種傲慢與偏見的鑿痕依舊若隱若現，如影隨形。看起來，二十一世紀的傳播新科技縱能使天涯若比鄰、全球如一村，卻無法徹底袪除世人心中的迷障。

韓流席捲兩岸

日前台北市長柯文哲訪問韓國首都首爾，在參觀拜會途中，自視甚高的柯P表現得既誠懇又謙遜。想必不是他改了性子，而是看到韓國的進步實況而自嘆不如，有心學習。過去在我們的印象中，韓國人貌不驚人，身無長技，吃起飯來無非烤肉泡菜，打起球來總是凶悍蠻橫。時至今日，韓國竟然一躍而為科技經濟大國，人均已達三萬美元，隱隱有超越日本成為亞洲最發達國家的勢頭。當初國人口中的「高麗棒子」早非吳下阿蒙，即使如通俗文化產業也在東方國度中頭角崢嶸。

打開兩岸電視，最熱門的話題莫非韓劇和它的演員。台灣自一九九三年開始引進韓劇，最初是基於成本考量，不料之後進口的《藍色生死戀》、《情定大飯店》、《大長今》等連續劇一舉擄獲台灣觀眾的胃口，「韓流」遂成爲台灣電視的獲利保證。從二〇〇六年迄今，國內引進五百部以上的韓劇，收視熱度從未稍減。

最讓人意想不到的是，一股強大的「跟韓風」竟也襲罩了整個大陸。照理說，中國的影視產業擁有市場大、人才多、材料豐富、政策強勁等優勢，近年來快速發展，氣勢如虹。可是從二〇一三年開始，大批韓國節目以「販賣創意」的方式湧入大陸市場，就是以韓國原創設計爲樣本，提供給中國的電視台依樣畫葫蘆另製一個「山寨版」在當地播出。根據報導，目前有高達七成二的韓國熱播綜藝節目都被引進中國，包括：最當紅的《我是歌手》、《花樣爺爺》、《爸爸去哪兒》、《爸爸回來了》、《奔跑吧兄弟》等等。韓國人食髓知味，陸續把這種創意輸出的產業路線延伸至亞洲各國，以大賺其錢。

二〇一五年，韓國電視版權外銷金額上看五億美元，約當全台灣電視頻道整年版權收入的總和。

兩岸電視界爭相購入或複製韓國節目的原因不難推測，一是便宜行事，買現成的既省力又省錢；二是本地創新產業未成規模，實力不如人，除了「搭順風車」外別無他法；還有，中韓兩國人民同屬泛儒家文化範疇，歷史同源，價值觀與生活習慣相近，韓國節目在華人市場的效果較能預期。

說起節目原創型態交易，國際間早有先例。一九二〇年英國廣播公司（ＢＢＣ）曾經取得美國電台節目腳本並照著樣子播出，當時業界對節目型態是否擁有版權尚無定論。直至五〇年代，ＢＢＣ和美國電視業者簽訂交易和約，開啓針對節目概念和包裝付費的先河。之後很多大型節目，像《流行偶像》、《荷蘭好聲音》、《誰想成百萬富翁》等，挾著在原產國大受歡迎的聲勢，向各國技術輸出風行全球。

台灣早期的電視節目多半向歐美「看齊」，各節新聞的製作模式多係「整套移植」而來。例如《台視新聞與世界報導》與美國的新聞性雜誌 US News & World Report 只一字之差，在播出型態上學步美國廣播公司（ABC）夜間新聞《Nightline》有模有樣；至於中視的《60 分鐘》，不但外貌酷似哥倫比亞廣播公司（CBS）的《60 Minutes》，連名稱也索性襲用。不過，這些帶著西式風格的節目在那個時代充當台灣電視新聞的先驅，倒也功不可沒。

還記得八〇年代在華視播出的「百戰百勝」嗎？這個源於日本株式會社（TBS）電視台《風雲！たけし城》的戶外競賽節目，應屬我國第一個正規引進的「複製品」，也創下型態版權交易的成功案例。播出之前，製作人顧及台灣民情而適度修正節目內容，果然收視破表。

看看韓國，想想自己。台灣的文化產業江河日下，資源嚴重不足，可是人才與創意並不缺乏。當此文創版權大行其道之際，豈非我們大展身手的時機已到？政府主司部門與其讓林懷民、白先勇、賴聲川、李立群等文化人在彼岸單打獨鬥，倒不如化輔導爲主導，積極匯集創意，建立營運模式，投入國際競爭。看起來，文化部也應該派人到韓國走走。

CNN三十五周年

一九八〇年六月，位於美國喬治亞州亞特蘭大市的「有線電視新聞網」（CNN）正式開播，是全世界第一個透過衛星與有線網絡將訊號送至用戶家中的全天候電視新聞頻道。由於它超越時空限制、獨具快速、翔實、聲光影音等優點，甫一問世即打破長久以來由少數幾家通訊社所壟斷的國際傳播市場，成爲全球媒體新霸主。三十五年來，從最初一百多萬收視戶，到當下十億以上人口的覆蓋規模，CNN不但爲廣大電視觀衆提供嶄新的視聽經驗，也造就出大衆傳媒史上一塊最閃亮的全球新聞品牌。

CNN的崛起除了拜衛星科技之賜外，創辦人Ted Turner豐富的想像力和驚人的意志力居功厥偉。根據名主持人Larry King的說法，Turner有一次在車上收聽全天候新聞電台（all-news all-day everyday radio station）的廣播，突然福至心靈地發想：「我們何不在電視上也依樣畫葫蘆？」於是，他立刻啓動先期的擘劃工作。儘管在周遭親友同事們都不看好的悲觀氣氛下，Turner 堅持初衷，不爲所動，慨然集資二千萬美元，經過一段崎嶇波折的籌備歷程，終於成功創辦 CNN，落實了他的尋夢計畫。

二十世紀末期，正是國際情勢的多事之秋，重大新聞層出不窮，諸如：一九八一年美國總統雷根遇刺受傷、一九八六年太空梭「挑戰者號」升空後炸毀、一九九一年波斯灣戰爭爆發和柏林圍牆倒塌、二〇〇一年九一一紐約恐怖攻擊以及歷屆美國總統選舉等等，CNN 適逢其會，無役不與，每一次現場直播都讓身在千萬里之外的人們如臨其境，將新聞變成正在發生的事件，更把全世界縮小到一個小小的螢光幕裡。

CNN問世後大受歡迎，它的國際頻道（CNN International）如水銀瀉地般在全球拓展覆蓋率。然而，傳播科技演化的腳步不曾停歇，自由市場的競爭也時時在搖撼CNN的盟主地位。首先，新聞集團（News Group）於一九九六年在美國開播福斯新聞（Fox News），由於該頻道擁有財力雄厚的媒體大亨爲後盾，調性上又側重社會新聞與擅長分析性評論，近年來支持度扶搖直上，在美國本土的收視率已超過CNN。影響所及，CNN也不得不放低身段，推出大量吃喝玩樂、雞毛蒜皮的小事兒以爭取普羅大眾的注意力。有學者就批評，CNN在追求快速、逼眞和現場感的同時，愈來愈模糊了新聞與娛樂節目的分界，顯得膚淺又瑣碎。此外，互聯網的高度普及引發跨境新聞網站應運而生，其傳送新聞的速度比衛星電視猶勝一籌，對CNN的全球收視率也形成不小威脅。

最嚴重的，由於ＣＮＮ的美式風格過於凸顯，一直被發展中國家視為大量傳遞西方霸權文化的載具，各國乃紛紛自行開闢國際頻道做為反制，像大陸中央台成立英語頻道、中東地區出現半島電視台等等。這些新興電視新聞多少都會仿效ＣＮＮ的播報風格，正說明了弱勢國家對於西方媒體霸權的不滿，亟欲「代」之而後快。為了因應當前內外環境的憂患與跟上新媒體蓬勃發展的腳步，ＣＮＮ不得不改弦易轍，銳意革新，以增強競爭力。近年來全方位線上網站（CNN.com）的設置以及與新媒體平台異業結盟等做法無非是要讓消費大眾以更為直接、方便、廉價的方式取得資訊，並藉助新聞資產活化增加營收來源。不過，二〇〇六年開播的公民新聞網站 iReport.com，曾發生造假新聞事件，傷及來之不易的品牌公信力，頗為不值。

Turner算是一位高瞻遠矚的創業家，他早在一九九五年就帶著CNN「投靠」時代華納集團，希望能仰仗跨媒體巨擘的市場經濟規模以壯大自我，賡續其世界新聞霸權的地位。如今，面對新時代、新潮流、新媒體與新環境的各方挑戰，CNN能否鼓浪而行，再攀高峰，成爲屹立不搖的金字招牌，全球觀衆都在看。

中國足球夢

最近在上海看到一則體育新聞，指稱迦納國家足球隊隊長阿薩莫阿・吉安受聘爲上海上港隊效力，年薪高達一千八百萬美元，躍居全球價碼前十名的超級足球先生。這種事，在國際體壇上或許稀鬆平常，但是，發生在中國，卻聽來十分刺耳。我很難想像這則消息傳到一般窮苦百姓耳朵裡會產生什麼感想？驚爆的還不只於此，據云中國足球超級聯賽自二〇〇四年成立至今，計有十六支球隊加盟，每賽季投入經費都在數十億人民幣之譜；近年來一些財力雄厚的球隊開始網羅國際知名球星，目前年薪千萬美元以上的就有六人。

中國足球代表隊長期積弱不振，總是躑躅在世界級足球大賽的門外，讓億萬球迷徒呼負負，可是球隊老闆依然砸鉅資養超級球員，顯然是過分陶醉於大國崛起的榮輝，而忽視了眼下的中國仍是一個人均七、八千美元的發展中國家，國民財富排名落在全球第九十名上下。雖說職業球隊禮聘國際明星級好手可收汲取經驗、提升戰力之效，但一名足球員的年收入與平常百姓相差二千倍以上，難道不會加劇已成民怨的貧富差距觀感？此外，在議論紛紛中，有人坦言直指，這些抱著淘金心態來到中國的洋將，純粹是受到利益驅動，並非出於民族認同或對這片土地或人民的熱愛，不應過度期待他們能大幅提升中國足球水準。更重要的是，大陸足球界屢屢傳出弊端叢生，上焉者人謀不臧，欠缺現代化管理機制，下焉者藉賭假球牟利，天真而熱情的球迷們卻殷殷祝禱國家代表隊能稱雄球場、揚威國際，寧非妄想？若決心振衰起敝，非從整飭風紀，重建制度，再造全新的足球文化做起不可！花大錢請外籍兵團操刀，縱有短效，恐難治陳年之痾。

中國人瘋足球有其歷史淵源。根據古籍記載，早在二千三百多年前，「蹴鞠」（古代足球）就因兼具軍事和娛樂功能而流行於山東臨淄一帶，至隋唐時期傳至東亞。由於足球之道首重技巧和耐力，較不受限於球員體型，二十世紀中期以後也曾風靡亞洲各國，可惜東方球隊始終不敵中南美洲和歐洲勁旅能在國際大賽中叱吒球場，引領風騷；環顧黃種人世界，至今唯鄰國日本堪稱足球強國而已。

不過話說回來，我對中國大陸的體育發展仍具信心。畢竟北京政府以數十年苦心經營而成就了足與美國抗衡的世界體育超強地位，也因此盡掃百年來「東亞病夫」的醜名。二〇一二年，習近平在訪問都柏林時曾抽空觀賞足球比賽，還親自下場小試身「腳」，公開揭露了中國領導人對足球運動的偏愛；近日他又提出三個願望：「中國足球隊在世界盃出線、中國舉辦世界盃比賽及獲得世界盃冠軍」，構成了習主席的中國夢另一章——「足球夢」，相信將正式引發體育主管部門一連串振興足球運動的改革計畫，不過負責執行的官員可不能缺少「習大大」那股肅貪打虎的勁道與決心。

猶記得一九八四年洛杉磯奧運，中國首次組團參加，當屆熱門賽事包括中、美兩國爭奪女子排球金牌。當時台灣尚未解嚴，政府規定電視台轉播比賽時需遮掩掉畫面上的五星旗標幟，由於是現場直播，每當畫面中有旗幟出現，轉播人員便手忙腳亂。儘管如此，電視台的主管們都紛紛前來體育組「坐鎮」，大夥屏息靜氣地欣賞雙方精湛的球技。比賽末了，當大陸姑娘連施重槌擊潰人高馬大的美國嬌娃的一剎那，轉播室立刻爆出熱烈的歡呼聲，響徹屋瓦！即使在那個對峙的年代，兩岸間兄弟之邦的臍帶仍舊緊密連結。

從楊傳廣、紀政、郎平、姚明、劉翔到林書豪和孫揚，我們始終拭目期盼著更多中華兒女在世界體壇上頭角崢嶸，也樂見大陸的「國腳」們從足球場中拾回失落已久的自信。

台灣最美的風景還是人嗎？

關心兩岸事務的人，應該都有以下體認：首先，大陸國力勃發，各項建設一日千里，已邁入世界超強之林；其次，台灣益顯微小，但由於人民享受自由空氣，擁有充分權利，過著多元豐富的生活，早已在中原文化之外形塑出獨特而優質的次文化，也陶冶出一批文明程度較高的華裔人口。因此，當三年前大陸媒體刊出一篇「台灣最美的風景是人」的文章時，立即獲得當地讀者群的正面迴響，之後傳到台灣人的耳朵裡，大家也覺得受之無愧，並非過譽之詞。

可是，近來台灣社會犯罪事件不斷，幾乎無日無之。不論是爲情、爲財、爲仇、爲宿怨、爲細故、爲爭權勢、爲搶地盤或僅僅因爲一時忿憤，都可能犯下詐騙、傷害或殺戮的行爲；最近還連續發生迷妄青年因陷於心中鬱結無法自拔，竟而隨機荼害路人的荒唐行徑。各界人士議論紛紛，有人認爲需加強家庭、學校和社會教育；也有人認爲亂世應用重典以收嚇阻之效。我認爲，台灣的大衆文化環境日趨低下應爲禍源之一。

最近在台北電影圈轟動一時的「角頭」，是繼「艋舺」之後又一以黑道爲背景的影片，據云曾獲得政府部門的獎助。實在很難想像一部以黑道人物事蹟爲劇情的電影爲何能獲得官方的認同？更不知新世代的年輕觀衆們能從中學到什麼有益於爲人處事的道理？最有可能的結果反倒是在不明就裡的情況下，誤將角頭當成英雄，進而沾染到不良習氣。

再打開電視機看看，某些以青少年作爲主要受衆的電視節目，話題不離時尙裝扮、飮食男女或名人的緋聞逸事，還有的專事教導年輕人如何吸引異性青睞，如何擺脫父母管教以爭取自主，甚至如何處理「一夜情」關係等等，似乎有意在煽動青少年的反社會行爲；幾個原本以針砭時事、伸張民瘼爲主旨的時論節目，竟也在選戰烽火撩撥之下淪爲激情謾罵的政治秀場，只見各路名嘴盤據其間，待主持人一聲令下，即砲火全開，煙硝密佈，且衆人口徑一致，交相呼應，此起彼落，蔚爲台灣電視一大奇景。這種變調的民意論壇，罔顧是非黑白，但求戲劇效果，不究事件本末，只圖口舌之快，除了更加深化族群對立、派系爭鬥和世代矛盾外，還能爲已經擾攘不寧的台灣社會帶來些什麼？

廣播電視的私營化曾經是台灣傳媒改革的成就，卻也讓閱聽大衆嚐到低俗文化氾濫的苦果，已成爲未來整體社會文明水平向下沉淪的隱憂；至於電影院概以票房紀錄爲著眼，更不可能有一時一刻以社會進步和公衆教育爲念。

不過，台灣不能，中國卻能！近年來，大陸各級電視台陸續推出許多高格調、大成本的優質節目，像是以古鑑今、探討歷史源流的《經緯》、發揚近代文人精神典型的《大師》、悠遊於古代建築勝景的《園林》，深度發掘歷代史地眞相的《歷史中國》、《地理中國》等等，每個節目都令人驚艷。如此曲高且富有文化傳承意義的內容之所以能「存活」下來，一方面得力於政府政策的推動，另方面則仰賴市場規模的支撐。此外，今日大陸的媒體工作者，在政府管制下仍然秉持著「作之君、作之師」的使命感，扛起傳媒的社會責任，也是原因之一。

半個世紀前發生在中國的那場文化浩劫，幾乎滅絕了傳統價值體系裡的美好元素，也在人與人之間架起猜忌與疏離的高牆鐵窗，導致中國社會的精神文明一度在緊閉的大門裡沉睡不醒。而台灣卻在這段期間奮發圖強，力爭上游，因而造成兩地文明程度的明顯落差，或許這正是某些人士「逢中必反」的理由之一。如今，兩岸形勢互易，台灣人最引以爲傲的文化優勢，有可能在一兩個世代之後也落於對方之後。到時候，台灣最美的風景恐怕只剩下日月潭和阿里山了。

高鐵王國的美麗與哀愁

前陣子因接連出席會議，搭乘大陸高鐵南來北往，兩個星期內走了七、八千公里的路。端坐在和諧號車廂中，任憑它鑽山越野，跨江過橋，御風而行，放眼窗外則是漫天蕭瑟秋意，雖無紅妝素裹，亦顯妖嬈多姿，心情為之大快。這套號稱「史上最牛高鐵」的快速交通系統，時速二百公里以上的路段達一點九萬公里，占全球高鐵總里程的一半以上。日前習近平出訪英國，在滿紙合作計畫中，高鐵也被列為重點項目之一；其實，就連視中國如讎寇的美國，亦汲汲欲引進大陸高鐵系統來開發大西部地區。遙想百多年前，數萬華工飄洋過海為美國修築鐵路，而歷盡險巇且備受欺凌的血淚史頁，今日中國竟能以「高鐵王國」之姿，向歐西市場輸出設備與技術，的確是炎黃子孫的驕傲。

乘坐高鐵旅遊，眞的優點多多。首先是快速，以三百公里的時速從上海飛馳到北京只需四小時四十分鐘；二是平穩，高鐵的硬體設備極爲先進，速度加快卻更爲穩定；三是便捷，鐵道網路四通八達，車站建於市區之內，大大減緩乘客轉車的勞頓；四是整點，離、到站幾乎做到分秒不差，利於旅客精確掌握行程；五是相對安全，高鐵雖曾發生過追撞事故，但相較於航空與路運，其安全性仍普獲信賴；至於票價，以每公里單價計，約當台灣高鐵的二分之一，允稱合宜。

不過，中國高鐵的光環僅及於硬體工程技術與效率，談到軟體設施和服務態度就完全不是那麼回事兒了。先看看出入月台的設計，手扶梯普遍狹小，時時應付大批人潮流量，乘客壅塞推擠是常態；二級城市的高鐵車站也個個巍峨堂皇，可是屬於無障礙空間基本設施的升降梯總是處於「故障」、「維修」的備而無用狀態，每見長者或身障人士在親友攙扶下寸步而行；寬敞明亮的北京南站本應是首都的門面，但對遠客而言，卻如迷宮一般，須得再三問路，繞過九拐八彎才尋找到侷促一隅的洗手間或停車場，而由於停車場的動線規劃不當，車輛大排長龍，總要花個幾十分鐘才能挨個出場，旅客們搭乘高鐵所節省的寶貴時間，都盡數浪擲在車站裡了；最奇怪的是，車站大廳內居然看不到一座時鐘，和世界大城市火車站以巨型標準鐘做為標誌的慣例大異其趣，難不成是有意凸顯中國人對時間觀念的淡漠？

高鐵的售票系統也欠缺人性化管理，常令結伴同遊者分坐前後排或隔於走道兩邊，只好等到上車後再央求與旁人換位，我曾以電話問之，換來一句理直氣壯的回覆：「賣票是順著座序抽取，來一位賣一票，不能保證坐隔壁」；進了車廂，乘務員的態度一概莊嚴肅穆，面無笑容，所謂「親切熱誠的服務」只限於車上廣播的公關辭令；高鐵上的餐盒內容貧乏到令人食不下嚥，價錢倒是國際最牛水準，每當進餐時刻，都耐不住對台鐵排骨便當的熱切思念；更遺憾的是，在乘坐沿途不停站的長程班車時，經常會瞥見垃圾滿溢，廁所積水的現象，這當然又是規劃設計者的疏失。

二〇一一年鐵道部爆發嚴重貪汙案件，不久中國高鐵改由鐵路總公司負責經營，頗能展現中興氣象，惟其軟體服務品質進步實屬有限，距離國際一流標準尚遠。說起問題的癥結，恐怕還是在於官僚體系中「看上不看下、看大不看小」的積習，和「只重表面、不究實效」的形式主義作風。這正是我們在欣喜於大國向上躍升之際，同時爲她感到憂愁的事。

最近日本新幹線也有意進軍海外市場，特邀請台灣高鐵聯手出擊，遂引起北京的「關切」。平心而論，中國高鐵以華麗的外表和密實的路網洵不足以稱雄世界，若經營者始終無法強化「以客爲尊」的核心價値，仍將難逃「金玉其外、敗絮其中」的罵名。

資訊開放 不容阻擋

習近平二〇一五年九月訪美之行，造成不小轟動，實質收穫也稱豐碩。若從國際宣傳角度觀察，這趟國是訪問最大的「亮點」應屬習氏夫婦溫文、謙和的態度和大國元首的個人魅力，讓全世界透過媒體的鏡頭看見北京新領袖的新作風。

訪途中有一項並不突出，但至關緊要的會晤行程，對象是臉書（Facebook）創辦人祖伯克。習祖二人見面後即傳出中國可能開放臉書的揣測，若傳聞成眞，不但造福億萬人民，更將爲國家形象大大加分。我們也毋寧相信，面對通傳革命的迅猛風潮，中國的領導人已深刻感受到資訊管道的開放是無法阻擋的趨勢。

從世界各地到中國大陸旅遊、就學、工作的人們，對於在境外慣用的社群媒體無法繼續使用咸感難以適應。縱使改採大陸通行的微博和微信，仍然不利與外界聯繫，以致煩言四起，萬不得已下只有「翻牆」而出，也非正途。類似的訊息管制政策顯示出，正在奔向超強的中國仍不時在意識形態的保護圍籬中自我設限。儘管北京欲與世界接軌，但一天不肯從根本上認同「資訊自由流通」（free flow of information）的信念與價值，便一天跨不過進入發達國家的門檻，畢竟，人民的通訊自由是屬於基本人權的範疇，終須給予尊重。

其實，今日中國已是全球最大的訊息流動市場，行動電話使用戶數已達十三億，幾乎人手一機，網路規模也達到六點五億戶，普及率為百分之四十八，網民日均上網時間近四小時，使整個大陸形成一張龐大的通訊網絡，承載著超越任何世界大國的海量資訊。另外，每年出境觀光旅遊的陸客逾一億人次，且增幅不減，使每一位國民都擁有與外籍人士接觸，並親履斯地以汲取新知、擴增眼界的機會。換言之，中共當局任何限縮人民通訊自由的舉措，除了製造「開民主倒車」的印象外，已無實質意義。

在上海任教，難免會被當地人士問及兩岸高校的異同。平心而論，就師資、設備、學生素質和表現來說，雙方互有高下。然而，我總不吝於提出對大陸校園過於封閉、保守、靜默的質疑。我以爲，無論社會的民主化程度如何，大學校園做爲知識分子思想交流、言論開放的場所是天經地義的事；尤其爲人師者在傳道、授業之餘，更該善盡解惑之責，否則任令年輕學子把心中的疑團攜往職場，帶進社會，甚至在網路中尋求解答、爭取認同，極易在缺乏專業與理性的引導下產生偏激的反社會行爲。

一九七〇年代，美國中西部某大學一名物理學教授基於他個人對共產主義的興趣進行探索，並擬將研究成果在學校開講「共產主義介紹」，卻遭到校方批駁。此事在校園中引發極大風潮，由千名師生組成的示威遊行不絕於縷，抗議的吼聲響徹雲霄，他們堅持的立場只有一個：「大學校園是政治的禁地，知識的沃土，學生有接近任何資訊的權利」；經過年餘的請願、諮詢、辯論程序，校方終於放棄己見俯採衆議，准以實驗課程名義開課，是爲美國大學中之首例。事後證明，「共產主義介紹」雖然招來大批興趣盎然的學生聽講，卻未必讓飽受資本主義薰染的美國青年對社會主義思想產生浪漫的憧憬。

在這個百花齊放，百鳥齊鳴的時代裡，幾株毒草，不礙滿山滿谷的香花盛開；一鳥在手，又怎比得上衆鳥在林的齊聲高歌？

媒體革命的洪流

最近幾年來，全世界最熱門的話題莫過於新興媒體被廣為應用於人們的生活，以及對整體人類社會的巨大影響。尤其千禧年前後出生的新世代人口，從呱呱墜地起就進入一個虛擬的人際網路，習慣於使用Email、Line、Skype、Twitter、Facebook、WhatsApp、Google、Yahoo、百度、微信、微博、博客，乃至於愛奇藝、土豆網、Hulu、Viber等等電子郵件、搜索引擎或社交網絡媒體來滿足個人交際、溝通、學習、娛樂的需求，至今恐怕都已失去離開網路而獨立生活的能力了。

本世紀初期，一位網際網路達人Tim o'Reilly率先提出Open Source（自由軟體）與Web2.0的概念，引起轟然迴響。他預測新的網路技術將啓動當代媒體開放、互動的特性，使一般民衆在觸及多元、即時資訊之外，還得以在虛擬社群中擁有更多發表意見的機會。二〇〇四年以後YouTube和Facebook相繼問世，果眞掀開Web2.0資訊社會時代的嶄新面貌，使閱聽大衆的被動角色升格爲積極的使用者和產銷者。又十年之後的今天，更加成熟的Web3.0技術進一步構成一個人人書寫、人人閱讀的交叉溝通平台，此後再沒有任何單一力量足以壟斷公衆意見和資訊市場。

如此快速且劇烈的變化對傳統大衆傳媒帶來空前的挑戰。二〇一四年，全世界手機的使用率已超過電腦，新媒體的廣告量也壓倒傳統的廣電產業；預估到了二〇二〇年，人們會花最多的時間收看線上影音，也就是說，行動媒體上的影音內容將主導未來的資訊社會。邇來，惶惶不可終日的報老闆們絕望地等待紙媒網路化的轉型計畫成功，卻未能如願。以美國爲例，報紙廣告收入每減少七元，網絡版廣告收入只增加了一元，說明傳統媒體即使跨足新媒體平台，仍有百分之八十六的廣告收益消失無蹤。跑去哪兒了呢？全數轉到了Facebook和Google等新媒體的網路上！前述兩大巨擘至今被拒於大陸市場門外，但依然在二〇一四年全球行動網路廣告收益排行榜上分居第一、二名，合併佔有率接近百分之六十。其中Facebook的用戶已近十五億，而每個月Google網站的訪問人數也達九億之多。至於稱雄媒體產業逾半世紀的傳統廣播電視產業，如今亦光環不在，頹勢畢現，眼看就要淹入來勢洶洶的媒體革命洪流之中。

談起傳播科技的變革，不免聯想到台灣傳媒界的窘境，特別是廣電影視媒體，內容貧乏而空洞，主要肇因於內需市場狹小，競爭激烈，淺碟型的經濟難以支撐昂貴的營運製作支出，逼使業者採低成本路線，不惜推出內容輕薄低俗的產品。如此因陋就簡的權宜之計，當然夠不上全球化規格，難以延續其產品的生命週期，如今再承接新媒體時代的競爭壓力，眼前的活路只剩下進軍對岸市場一途了。根據最新的資料顯示，中國地區的手機數量已達十三億支，上網人口逾六億戶，穩居全球最大移動網路市場，而目前大陸的知識經濟和娛樂文化產業也正在火紅躥升。

早期的市場理論中有「需求近似」的說法，晚近傳播學者亦曾提倡「文化接近性」的概念，證實人們傾向於喜好和自己需求或知識經驗相似的文化產品。兩岸之間風俗、語言、價値觀類同，龐大的中國市場無疑地已成爲台灣媒體的最後一塊沃土，傳統業者若有志放手一搏，跨海登陸，在新媒體環境中尋求事業第二春的商機，猶未爲晚。

整體觀之，傳播科技一日千里所創造的最大成就，應是它填補了人類社會的階級落差，把世界變得更扁平，讓千百年來平民百姓當家做主的夢想得以成眞。此外，新媒體的一波波技術突破，不但撤除了媒體與媒體、傳送者與接收者之間的藩籬，更成功穿越過國家與國家、社區與社區、產業與產業之間的界線，一步步地開始把大千世界縮成一個衆生平等的「地球村」。

急流勇退的智慧

Kobe Bryant 終於要退休了！這位「高齡」三十七歲的 NBA 巨星宣布將於二〇一五至二〇一六賽季結束後告別他縱橫馳騁二十個年頭的籃球場。Kobe 是一位天才型的運動員，個人彈跳、衝刺和爆發能力超強，每能於亂陣中突破多人包抄跳投中的，他曾在單場比賽得到八十一分，歷年來創下二十六項 NBA 紀錄，更率領洛杉磯湖人隊五度摘下全聯盟總冠軍金盃。對於年輕一代的籃球愛好者來說，Kobe Bryant 無疑就是「球神」的化身。

這樣一位光芒萬丈的偶像明星即將從球場上消失，霎時間引起全球粉絲的惋惜，不過除了惋惜之外，更爲他感到慶幸！畢竟近來 Kobe 的表現每下愈況，尤其在激烈的爭鬥中顯得力不從心，攻守失據。今年開賽以來，大家眼睜睜地看著舊傷未癒的「小飛俠」在場上遭受年輕新銳的凌厲攻擊而無還手之力，心中都覺得不忍。二〇一五年十一月二十五日湖人對勇士隊一役，Kobe 連連失誤，兀自主導攻勢，勉強出手，上半場投十四中一，讓粉絲大失所望，也害得湖人慘輸三十四分。眞正關懷他的人心底都有一個疑問，爲何 Kobe 寧受陣上之辱，而不肯及時卸除戰袍，光榮引退，留下一個不朽的身影？難道是每年三千萬美金的年薪太過誘人？還是超級球星的名位與殊榮難以割捨？

無論如何，Kobe 沒等到本球季結束之後再宣布引退，尙屬明智，必能在剩餘賽事中得到更多體諒與敬重，保住球神的光環，而不至於落得一個末路英雄的印象，最終淪爲籃壇的笑柄。日前他發表一封「給籃球」的告別信，裡面說道：「我的心靈仍可接受打擊，我的意志也還可承擔折磨，但我的身體知道，是說再見的時候了」。

的確，在現實人生裡，有勇氣攀越巔峰者衆，有智慧急流勇退者少。古往今來的雄豪之士，在成其功業之後，最難爲的就是如何揮別絢爛，回歸平淡。尤其中國社會深受封建餘毒，士大夫一日爲官便思終身爲官，一日掌權便思終身掌權，總以爲「欲平治天下者，當今之世，舍我其誰」？台灣有不少政壇前輩雖年邁古稀，猶戀棧其位，不知進退，或已下台多時，仍堅持「退而不休」，經常循公私管道妄談時政，月旦人物，鼓吹風潮，俱可謂「歹戲拖棚」，使人倒盡胃口。比較起來，中國大陸的領導人輪替制度文明得多，無論國家主席或黨國重臣，一旦卸職之後，立即被隔離在權力中心之外，不再過問政事。至於西方國家，由於民主政治行之有年，朝代的興替、權力的遞嬗、人物的起落乃平常事耳。美國總統卸任後現仍在世者如卡特、布希父子、柯林頓等人，也都在告老還鄉後回復百姓身分平淡度日，鮮少聽聞他們有什麼干預政治的言行。

春秋時期的范蠡，曾輔佐越王勾踐完成復國大業，正當名利到手之際，率爾掛冠求去，歸隱山湖之間，非但贏得「名垂後世」的美譽，也免掉了「鳥盡弓藏、兔死狗烹」的凶險；晚近的顯例還有喬治華盛頓和孫中山兩位開天闢地的「國父」，前者出任首任總統，卻在兩屆之後堅拒續任的機會，創下美國總統只能連任一次的範例；後者領導革命成功、建立民國，但為化解派系紛爭、促進國內團結，不惜辭去大總統寶座。所謂：「急流勇退，謂之知機」，古往今來，智者的典型不一，但都流芳青史，足為後來者式。

附錄

《時報周刊》第一九一六期　趙怡博士專訪

考慮讓國民黨痛一次

台北市長選舉進入最後一個月的割喉戰，連勝文眼見民調低迷，只能寄望藍軍團結，靠台北市藍大於綠的基本盤過關，至於柯文哲仍以在野大聯盟猛挖中間和藍軍選票，而柯文哲總幹事姚立明先前就透露，未來會有具黨政身份的藍營人士出面挺柯，所以，趙怡上週以「一名忠貞國民黨員的眞心話」爲題投書的動作也格外引人注目。柯陣營方面甚至傳出，趙怡將在上海組織挺柯團體，不過，趙怡明確告知「我沒有在上海組織挺柯」，接下來也不會有公開的政治動作。

趙怡強調，他並非只針對台北市長選舉，而是對整體的國民黨的提名問題感到憂心，不是只有台北市長的問題，整個國民黨都已走向頹勢，馬英九是曾拿下七百五十萬票選上的總統，但現在治黨卻治到今天這種地步，難道還要繼續講好聽的話來表示支持，那國民黨幾無後路，二〇一六、二〇二〇要怎麼辦？一次選舉的失敗還有救，所以「年底是不是應該要讓國民黨痛一次？」這是很多黨內同志的心聲，他說。

趙怡表示，對於黨內人才培養問題，早在二〇一〇年的五都選舉，就曾當面對馬英九提出警語，包括郝龍斌、朱立倫等人都是政治世家後代，雖然人選都很優秀，但還是應該多方，從地方、素人群眾中挖掘人才投身各級選舉或進入行政團隊擔任政務官，要及早開始培養，否則未來選舉會遇到很多困難。沒想到，馬英九當時竟回覆他「沒想到這點」，也堅持選舉要依黨內機制來安排，甚至還反問趙，「那我自己也算是官二代嗎？」

趙怡說，現在是講求平權的時代，官二代從政應該是偶然，不應該變成是必然，但現在國民黨的初選機制，讓黨內有影響力的人容易出頭，並非眞正選賢與能，尤其連勝文的父親連戰，家世更爲顯赫，一下跳過市議員、立委，參選台北市長，面對的阻力當然更大。

趙怡更透露，二〇一四年二月見馬的時候就提到，政治世家子弟參選，會讓國民黨失去選票，因爲現在是庶民時代，五月份再度見馬，他也再提醒馬，丁守中當了多屆立委，由他參選贏柯文哲沒有問題，但如果是連勝文，最後勝負難料。不過，對於自己的分析，趙怡認爲「馬應有同感」，但最後卻仍得到馬英九「依黨內機制」的回應。

他忍不住批評，馬過於崇法，卻不夠務實，黨內民主歸民主，對於未來的接班人選，應該要及早規劃，用各種機會培養、養望，時機成熟後，自然就會冒出頭，而不是一開始就什麼都不管，等要選舉了，就丟給黨代表去決定，這樣就眞的是民主嗎？

趙怡的投書中，雖直指連勝文背負權貴的原罪包袱，是他大連艦隊順利入港的最大障礙，但他仍澄清，不是不支持連勝文，只不過，這次讓連勝文參選台北市長，「是害了他。」

「連勝文是很優秀的中生代」趙怡指出，但出身豪門、住豪宅，就是他背負的原罪，這不是司法和道德的問題，而是現在社會大衆所要求的公平性，

「什麼光環都集中在你身上，當然就會受到阻力。」他也說，同樣被視爲官二代的郝龍斌，在擔任台北市長前，至少當過立委、環保署長，朱立倫、吳志揚也都是選過立委、縣長，所以接下來再爭取大位時，阻力也小。

不過，趙怡雖澄清，並沒有針對連個人，但被問到年底會不會投給連勝文，他卻遲疑了。他先說，從連勝文被提名後，身邊的朋友就分爲三種，有人支持國民黨不變；有人雖不滿，卻仍含淚投票；最後還有一種人，則是對連勝文的出線感到義憤塡膺，無法接受。至於自己的態度，趙怡則沒有正面回答，僅說：「自己現在是在天人交戰中，但個人投給誰不重要。」

但趙怡也說，自己是黨齡四十七年的國民黨員，既使當初面臨主流、非主流之爭，在黨內被打壓，經歷新黨、親民黨兩次出走，自己從來沒有離開過，每次投票選的都是國民黨的人，但這次台北市長選舉卻眞的很猶豫，也很痛心，對國民黨的前途感到憂急，包括自己入黨七十年、高齡九十二歲的母親，也有同樣的心情。

趙怡強調，他選在這個時候發聲，是「對事不對人」、「對黨不對連」，他更強調，連戰兩千年參選總統的時候，自己還和蔣方智怡、邵曉鈴、黎昌意、孫慶餘等人，組成助選團全台到處爲連戰助選，並強調和連家有兩代交情，但他說，當時支持連戰，因爲他是最合適的總統人選，至於「現在的連勝文，情況是不一樣的」。（原刊載於二〇一四年十一月三日）

時報悅讀 006

歲月如斯——趙怡兩岸札記之二

作　者—趙怡
編　輯—李貞怡
封面設計—果實文化設計工作室
內頁設計—時報出版美術製作中心
董事長
總經理—趙政岷
出版者—時報文化出版企業股份有限公司
10803台北市和平西路三段二四〇號七樓
發行專線—（〇二）二三〇六—六八四二
讀者服務專線—〇八〇〇—二三一—七〇五
（〇二）二三〇四—七一〇三
讀者服務傳真—（〇二）二三〇四—六八五八
郵撥—一九三四四七二四 時報文化出版公司
信箱—台北郵政七九～九九信箱
時報悅讀網—http://www.readingtimes.com.tw
電子郵件信箱—liter@readingtimes.com.tw
法律顧問—理律法律事務所　陳長文律師、李念祖律師
印　刷—勁達印刷有限公司
初版一刷—二〇一六年五月十三日
定　價—新臺幣二八〇元

⊙行政院新聞局局版北市業字第八〇號

國家圖書館出版品預行編目(CIP)資料

歲月如斯—趙怡兩岸札記之二 / 趙怡 著. -- 初版.
-- 臺北市 : 時報文化, 2016.05
面；　公分. --（時報悅讀；6）
ISBN 978-957-13-6611-1（平裝）
1.言論集 2.時事評論

078　105005946